社会科授業サポート

小学校社会

子どもの好奇心をグッと掴んで離さない

おもしろ授業ネタ70

三重大学／皇學館大学

楠木 宏

明治図書

はじめに

　私が若い頃，社会科の授業をするのは苦手でした。

　5年生・6年生の高学年は，教えることが明確でまだ楽でした。5年生は日本の産業構造を覚えさせ，6年生は日本の歴史を覚えさせれば良いと思っていたのです。ただ，このように社会科を暗記教科と考えていた頃は，社会科は楽しい学習ではありませんでした。

　中学年の地域学習はもっと困っていました。自分たちが住んでいる地域の様子やどんな施設があるかを覚えさせても，少しもおもしろくないのです。そこで，少しでも授業を楽しいものにできないかと，有田和正先生の著書を読みましたし，いろいろな研究会にも参加しました。有田先生はおもしろいネタで有名な方です。有田先生の実践を真似したり，自分でもおもしろそうなネタを探したりして，授業の"改良"に取り組んできました。

　すると，「先生の授業はおもしろい」という声が聞こえるようになり，子どもの笑顔が増えました。私自身も社会の授業をするのが楽しくなってきました。

　本書では，私が社会科授業の改良に取り組む中で積み上げてきたおもしろいネタを集めてみました。

　長い教師生活の中でまとめ上げたものではありますが，残念ながら，ここにある1つのネタで1時間の授業が成立するものではありません。授業の始めの興味付けや授業の発展として，または授業最後のまとめや次へのつながりとして使ってください。料理で言えば，フルコースの料理ではなくて，アラカルトの一品料理，箸休めみたいなものだと思ってくだされば幸いです。

　　　　三重大学教育学部・皇學館大学教育学部非常勤講師　　楠木　宏

目次 CONTENTS

第**4**章 社会の授業で使えるネタ **6** 年生

おわりに

序章

章

ネタを使った小学校社会の授業の進め方

様々なネタを紹介しますが，子どもたちに「覚えさせたい」わけではありません。ネタをきっかけに子どもが興味をもち，学びを広げていけるような授業をつくっていきましょう。

1. ネタの効用

　教師ならば誰でも楽しい授業をしたいと思うものです。しかし，真の楽しい授業とは，ただおもしろさがあるだけではありません。それは，授業の課題について思考を働かせ，意見を出して話し合う。また，進んで調べたり学習したりして，知的好奇心につながる授業だと思いますが，残念ながら，すぐにそういう授業に到達できるわけではありません。

　楽しい授業への第一歩は，子どもが興味をもちそうなネタを使うことにより，まず授業がおもしろいと感じさせることです。すると，授業に興味をもち楽しみにします。特に，身近な話題だと親近感が湧き，緊張がほぐれて授業にのぞむことができます。

　さらに，授業内容が自分の生活につながったり，他の知識とつながったりすると，学習で得た知識が生きる力として確立します。進んで取り組もうとする意欲が高まります。

　ネタのある面白い授業は，楽しく，学びのある授業への入り口だと考えています。

2. ネタと地域学習

　3年生の子どもたちにとって，社会科は新しい教科です。期待している子どもたちに楽しい学習と思わせなければなりません。活動的なこの時期の子どもには，社会科を教室で学習するだけでなく，外に出て調べたり見学したりする行動的な教科にすると良いでしょう。ネタを活用してください。

　中学年の地域学習は，子どもたちが住んでいる地域を学習の対象にするので，教科書はあまり役には立ちません。その地域で編集された副読本が用意されていますが，地域のことを知らなければ，授業の進め方もわかりません。

　私が若い頃に勤めていた伊勢市立東大淀小学校は，地域学習・総合学習を研究主題としていました。今では当たり前な「総合的な学習」ですが，この

学校が始めたのは，指導要領に載る10年も前の話です。その頃の私には雲を掴むような話でした。この学校の地域学習は，「まず地域に出る，色々な人に話を聞く，出てきた疑問は教師にもわからない，子どもたちと一緒に調べる」このことを繰り返すことでした。

　学習で石臼が必要になると，地域から「家にあるよ」と声があがります。子どもたちとリヤカーを引いて１軒ずつもらいに回りました。その時に，石臼にまつわる話をたくさん聞かせてもらいました。また，海岸に出たら，地域のおじいさんから海や漁業にまつわるいろいろな話を聞かせてもらいました。

　総合学習を進めていくうちに，地域学習に対する考えが変わりました。

　地域を教えるというのは，地域にあることを覚えさせるのではなくて，地域の人々が培って来た暮らしの中に歴史があること，生きた知恵があること，人間が生活していることを感じさせることでした。

　さらに，次のことが見えてきました。

(1)地域学習では，子どもも教師も学ぶ

　普通，授業というと，教師は内容も答えも知っています。子どもたちが困ったら手を差し伸べる，岐路に立ったら方向を指し示すことができます。しかし，地域学習では，教師も答えを知らないことが多くあります。地域学習は，教師が学習の先頭に立つのではなくて，子どもと一緒に知恵を出し合い学ばなければなりません。教師は船頭ではなくて，船員の１人なのです。

(2)いつもとは違う子どもが活躍する

　地域学習では，学習は得意でないがバイタリティある子どもが活躍する場面が多く見られます。どの子もわかる喜び，できる喜びを味わえる学習になります。その瞬間に子どもたちが伸びようとする芽が見えてきます。教師も「この子にこんなところがあったんだ」と子どもを見る目が変わります。

(3)本音がぶつかる

　住んでいる人が次々と離れていって，古い町並みが壊されてなくなっていく状況は，日本全国に見られます。地域学習でそれらを取り上げて，古い町

の歴史を大切にしようとする思いに感動して保全活動に協力するという素晴らしい実践があります。しかし，そこが実際に自分たちの住んでいる地域だとすると，保全活動だけでは，すまされないことがあります。

　どういうことかと言うと，住み続けている人たちだけでなく，そこを離れざるを得なかった人たちにも視点を当てないわけにはいかないからです。それぞれの家族の子どもたちがいるのです。残っている人の思い，出て行く方を選択した人の思い，両方に触れなければなりません。文化を守る人を素晴らしいと言った子どもに，「君たちもそこに住み続けたいか」と聞くと言葉を濁します。子どもたちも現実と向き合わなければなりません。他人事や傍観者ではいられないのです。

⑷地域を知ることができる

　今，産業構造の変化で過疎化が起こり，地方が衰退している現状があります。地域学習を行うと地域の長所短所が見えてきます。それらを取り上げることで，地域の再発見，再認識の目が育ちます。このことが，地域社会に対する誇りと愛情，地域社会の一員としての自覚を養うことにつながると思います。ゆくゆくは，地域を担い発展させることができる人に育つことができるのではないでしょうか。また，教師も地域学習で子どもの育ちの背景がわかり，子ども理解が深まります。

　中学年のネタは，学校のある地域のものです。本書そのままでは使いにくいと思いますので，参考例として活用して下さい。

3．ネタと産業学習

　5年生の主な学習は，日本の地勢や産業です。中学年と違い，少し身近な話題と離れてくるので，興味を失ってくる子どもが出てくるかもしれません。それをつなぎ止めるのが，ネタの活用です。地域学習で培った直接的な興味を，間接的，知的な興味に変えていきましょう。

　まず，日本の地勢について授業し，その後，産業について学習します。私は特に意識することなく，農業，林業，水産業，工業とバラバラで教えてき

ました。ところが，ある言葉を知ってから，５年生の社会の学習に一貫性が見えてきました。それは「工夫や努力」です。

　この言葉は指導要領にもありますが，あまり意識していませんでした。しかし，５年生の産業学習，全分野で働く人の「工夫や努力」の視点で学習を通すことができます。そして，最初に日本の地勢について学習しているので，日本の産業の特色や分布を地理と勘案すると，つながりが見えてきます。ある地域で特定の産業が発達したのには，必ず理由があるのです。その地域の人々の工夫や努力を考えさせると，児童の地理的思考力の育成に大きな効果をもたらします。

　私は５年生を担任すると，必ず日本地図を教室に掲示しました。そして，時事の話題や学習で地名がでると，その日本地図で必ず場所を指示しました。知識を視覚情報と一致させるためです。

4. ネタと歴史学習

　長い日本の歴史を短期間で学習するので，教科書では説明不足の点が多々あります。その間を埋めるのがこの歴史ネタです。気づかなかった面白い内容があり，知的好奇心をゆさぶる役目をします。

(1)学習順序の入れ替わり

　今回，６年生の歴史学習に大きな転換がありました。今までは，日本の歴史を学習してから，政治，国際交流の学習をしてきましたが，今回から日本の政治を一番初めに学習することになりました。実は私が勤務していた東大淀小学校では，今回改訂された順序，政治学習→歴史学習を30年以上前に既に行っていました。

(2)歴史を政治的視点で検証する

　それぞれの時代を学習した後に，その時代の政治の仕組みと現代の政治の仕組みとの比較を行っていきます。１つの時代の学習が終わると，その時代について，観点を決めて話し合っていきました。例えば，室町時代に基本的人権はあったのか，などです。教科書や資料集からだけではわからないこと，

奴隷制や人身売買が許されていたこと（日本で全面的に禁止されたのは第二次大戦後）などについては，教師が補足しても良いと思います。

　ところが，明治以降は急速にこれらの人権意識が高まってくること，時代が変わると法的な整備がされてくることがよくわかります。しかも，それらは，本当に最近のできごとだということがわかります。

　それまで，歴史を学習してから政治を学習すると，なかなか理解できなかった政治の仕組みが，現代の憲法やいろいろな法律につながることが理解できるのです。

　歴史も暗記学習と思っていた私でしたが，歴史をいろいろと調べていくと，人間の生活が見えてくるようになりました。歴史ネタでもわかるように，時代によって文化や科学技術が違うだけで，考えたり悩んだりしたことは昔の人も同じだと思うようになりました。また，授業ではそのことを強調するように心がけました。

　また，東大淀小学校では，視点を民衆に変えて授業したこともありました。

(3)ネタの根拠について

　本書で取り上げたネタは，歴史の諺やできごとからとっていますが，それらには諸説あります。その中で，小学生が興味をもちやすい，説明しやすい，理解しやすい説を取り上げてあることをご承知ください。

【参考文献・資料】
文部科学省『小学校学習指導要領（平成29年告示）解説　社会編』
木村博一「小学校社会科の学力像と産業学習の変革　『自己実現』をキーワードとした単元開発」（全国社会科教育学会『社会科研究』第57号　2002）
https://www.jstage.jst.go.jp/article/jerasskenkyu/57/0/57_KJ00006794176/_pdf,（参照2021-07-14）

第1章

社会の授業で使えるネタ

3年生

「はじめての教科」として社会の授業を迎える3年生。身近な疑問から始めたり、活動的な学習を取り入れたりして、社会科の楽しさを十分に味わわせてあげたいですね。

地域探険の第一歩は屋上からはじめよう！

3年 わたしたちの住んでいるところ（町たんけん）

> 3年生の社会科の「町たんけん」第一歩は，校区の全体像を捉えます。全体像を捉えるのに一番良い方法は，学校の屋上から町を見ることです。普段，子どもたちは学校の屋上にはなかなか上がる機会がありません。屋上に行くと言うだけで，子どもたちは興奮気味です。

 ネタを活かした授業展開

1. 方位磁針の使い方を知る

T 今日からみんなの住んでいる町の学習を始めます。その前に，これを何というか知っていますか？（と言って，方位磁針を出す）

C 磁石！

C コンパス！

T そうです。これは，方位磁針，英語ではコンパスと言います。最初に方位磁針の使い方を学習します。1．手のひらの上で使います。2．しばらく静かに持ちます。3．針の動きが止まったら，手のひらを動かして赤い方を北の字に合わせます。

T では，教室で練習します（全員に方位磁針を配り，試してみる）。

T では，空いている方の手で，先生の言う方角を指しましょう。北，南，東，西。みなさんできてますね。

2. 屋上に出かける

T では，今から屋上に行きますが，注意を言います。1．静かに移動する。2．屋上ではフェンスに触らない。確認します。方位磁針は落とさない

ようにポケットに入れてくださいね（屋上に移動）。

T では，方位磁針を手のひらにおきます。空いている方の手で，先生が言う方位を指しましょう。北，南，西，東。太陽はどちらにありますか？

C 東と南の間くらい？

C 南東って書いてある。

T よく見つけましたね。東と南の間を南東と言います。太陽は東から出て，南を通って西に沈みます。北には何が見えますか？

C ○○スーパーが見えるよ。

C ××デパートがある！

T では，反対側の南には，何が見えますか？

C 神社がある。

C 山も見えるよ。

T では，東には何が見えますか？

C 家がたくさんある。

C 僕の家もあるよ。

T 最後に西には？

C 田んぼだよ。

C 畑もあるね。

T 教室に帰ったら，それらを書きますので覚えておきましょう。では，教室に戻りますが，注意することは何でしょう？

C 静かに行動する！

指導のポイント

　方位磁針の使い方は，実物を配付する前に説明しました。私は，説明する時は必ず物を配る前にします。子どもたちは，目の前に物があるとそれに気を取られて説明をきちんと聞かなくなってしまうからです。

２

町の東西南北をくらべよう！

3年　わたしたちの住んでいるところ（町たんけん）

　　町探検のスタートは，学校から一番特徴がわかりやすい町を基本にします。例えば東にある住宅街を基本とすると，北，南，西にある町は，基本とする「東の町と比べて」と子どもに聞くと，子どもたちは意見を言いやすくなります。

 ネタを活かした授業展開

１．基本となる町を決める

T　この前の授業では，学校の屋上に行って，町を見ましたね。屋上から見た感想を聞こうかな。

C　思ったより，遠くまで見えてびっくりした。

C　○○デパートは遠くにあると思っていたけど，意外と近くに見えた。

T　これからみんなの住んでいる町を学習していきますが，まず，学校から見て東の町を学習します。さあ，東はどちらでしたか？　指さします。はい！　そうですね。こちらが東です。

２．東の町と比べることで，北，南，西の町の特徴をつかむ

T　ノートを開きましょう。屋上から見た東の方には，何が見えましたか？

C　家がたくさん。

C　住宅がいっぱいあったよ。

T　東の方は，何町か言える？

C　A町とB町だよ。

　　（「東の方　A町，B町　家がたくさんある」と板書する）

T では，学校から北の方角は何町ですか？

C 北はC町。

T では，北の方角には何が見えましたか？

C ○○スーパー。

C ××デパートもあった。

T 東と比べて，違いは何ですか？

C 北は街（まち）。

T 街って，どういう意味？

C 街は，都会って言うか，おしゃれなかんじ。

T 他は田舎なの？

C まあ，そうだね（笑）

C 他に，大きなビルとか建物が多い。

（「北の方　C町　街である。大きな建物が多い」と板書する）

T では，学校から南の方角は何町ですか？

C 南はD町。

T では，D町には何が見えましたか？

C 神社や山も見えるよ。

T 今までとちょっと様子が違うね。何と言えばいいかな？

C 自然が多い。

（「南の方　D町　神社や山　自然が多い」と板書する。以後，西の方も
同じようにする。そして，最後にそれぞれの町の「特徴」という言葉を
教えていきます）

指導のポイント

　教師は，簡単に「その町の特徴」という言葉を使いますが，３年生の子ど
もたちにとっては難しい言葉です。基準である方角をつくって比較をし，最
後に「これを特徴と言います」という言葉でまとめると子どもたちにも伝わ
りやすくなります。

遠い，近いを歩いて考えよう！

　町の大きさや建物が学校から遠いのか近いのかは，歩いてみて考えます。例えば，東に探検に行く場合，目的となる建物や町の境界を子どもたちと事前に決めておきます。そして，学校を出発した時から，建物や町の境界までの歩数を測りながら歩きます。そうすると，他の方角の探検に行った後でも，学校からの遠い近い，町の大きさがわかります。

 ネタを活かした授業展開

1.　町探険の方法を知る

T　さあ，いよいよ町探険に出かけます。

C　探険って，何をするの？

T　実際に町を見に行って，この町は，住宅が多い町だとか，お店屋さんが多い町だとか，その町の特徴を学習します。まず，はじめに，学校から東の方角へ行きます。何町でしたか？　覚えていますか？

C　知ってる。私が住んでいる町だからA町です。

C　B町もあるよ。

T　そうですね。A町とB町でしたね。屋上から見た時，A町には，何がたくさん見えましたか？

C　家がたくさんあったよ。

T　家しかありませんか？

C　公民館もある。

C　さくら公園もあるよ。

T　A町に住んでいる子どもは，この学校に来ますね。A町の向こうのF町

に住んでいる子どもは，この学校には来ませんね。

C　そう，違う小学校だよ。

T　この学校にくる子どもが住んでいる所を「校区」といいます。東の方の校区，A町の端はどこか知っていますか？

C　確か，○○スーパーまでだよ。お母さんから，あそこより向こうへは行ってはいけないと言われているから。

2. 歩数の測り方を学習する

T　町探険で学習することは2つあります。1つめ，A町，B町にあった物をメモすること。2つめ，目印になるものまで，歩数を測ること。

C　歩数？

T　1歩2歩と，何歩歩いたか数えて行きます。

C　どこまで数えて行くのですか？

T　公民館とさくら公園，最後に校区の端の○○スーパーまで。

C　友達と歩数が違ったら，どうしますか？

T　違ってもいいよ。人の歩幅は違うから，人によって歩数は違いますね。

C　途中で忘れたら，どうしますか？

T　そんな時は，よく似た背の高さの人に「今，何歩？」と聞けばいいです。

C　背の高さが同じ人は，足の長さも同じなの？

T　だいたいね。じゃあ，行ってみようか。

補足

　探険で歩数を数えることは，次の利点があります。1. 目的がはっきりする。2. それぞれの町の大きさがわかる。3. 町にある目印になりそうな建物の学校からの遠いのか近いのかがわかる。ただし，子どもたちは歩数を数えるのに集中してしまいますから，道路を通る時や横断歩道を渡る時に，教師が交通安全により留意しなければなりません。また，ペアを組んで，1人が歩数を数え，もう1人がメモをとる形にすると，間違いが減ります。

4 オリジナル地図記号を つくろう！

3年　わたしたちの住んでいるところ（町たんけん）

　子どもは，なぜか地図記号にとても興味をもちます。校区の地図をつくっている時，地図記号もかき込ませました。すると子どもたちから不満の声が上がりました。それは，かき込める地図記号が少ないことと，かくことのできる町と全然かけない町との差があるということです。

 ネタを活かした授業展開

1．地図記号をつくることを提案する

T　みんながかいた校区の地図に，地図記号がかけない町があるって言っていましたね。

C　C町はいいよ。市役所もあるし，銀行もある。

C　僕たちのA町は何もないよ。

T　かき込める地図記号がないなら，つくればいいんですよ。

C　地図記号って，どうやってつくるの？

C　勝手につくっていいの？

T　みんながつくった校区の地図にかき込むだけだから，自分たちでつくったって，別にかまわないよ。でも，日本中で使うわけじゃないよ。ここだけだよ。

C　なあんだ。でも，楽しそう！

2．地図記号のつくり方を学習する

T　みんなが学習した地図記号の中には，小中学生がデザインしたものがあるんだよ。

C　えっ！　本当？

T　これらです（風車，老人ホームなどを提示する）。

C　そうなんだ！　わかりやすいね。

T　これらのように，みんなの住んでいる町中にあって，地図記号にするとわかりやすいものを募集します。期間は今から1週間。学校の登下校の時に，これをこんな形の地図記号にするとおもしろくてよくわかるぞ，というのを見つけてくること。

C　なんでもいいの？

T　なんでもいいよ。

C　同じのが重なったらどうするの？

T　1週間たったら決めます。1つの物に1人しかいなかったら決まり。1つの物にたくさん応募があったら，どれが1番いいか投票して決めます。

C　よし，頑張ろう。

子どもたちが考えた地図記号の例

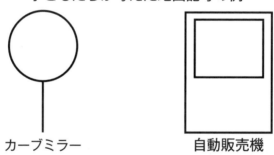

カーブミラー　　　　　自動販売機

補足

【参考文献・資料】

『伊勢市立東大淀小学校　研究紀要』昭和62年度（1987年度）

「新しく生まれた地図記号」：国土地理院 HP より

https://www.gsi.go.jp/kohokocho/kohokocho40074.html

(参照2021-07-14)

3年生

4年生

5年生

6年生

5

町を屋上よりも
もっと上から見てみよう！

3年　わたしたちの住んでいるところ（町たんけん）

　子どもたちがつくった校区の地図。大人の目から見ると間違っていたり，物足りなかったりするものですが，それはそれで子どもたちは満足します。地図が完全に仕上がってから，ICT 教育の一環として，本当の町の形を見せると，子どもたちは新たな発見をします。

 ネタを活かした授業展開

1．できあがった校区の地図について，感想を聞く

T　みんなが書いた校区の地図は，上手にできましたか？

C　100点満点！

C　僕たちは，80点くらいかな。

T　どうして？

C　よくわからないところがまだある。

C　道の太さが，違っている気がする。

T　では，今日は本物の校区を見て，みんなのつくった校区の地図と比べてみましょう。この前見た屋上からより，もっと上から見るよ。

C　飛行機にでも乗るの？

T　もっと，もっと上だよ。

C　宇宙船にでも乗るの？

2．グーグルの地図機能を学習する

　　（パソコン・タブレットを利用して）

T　立ち上げたら，Google に切り替えましょう。

（Google を提示する）

T やり方を言いますよ。

　　1．学校の名前を「○○市立」から入れます。

　　2．次に「すべて」の隣にある「地図」をタップします。

　　3．メニューにある，「航空写真」のところをタップします。

C あっ！　飛行機から見ているみたいだ。

T 「＋」や「－」で，地図の大きさが変えられます。

C 僕の家が見える。

T 校区の地図をかいて，よくわからなかった場所を探してごらん。

C 入っていけなかったところが，上からよく見える。

C 何があるか，よくわかった。

T もっと，よく見える方法を教えてあげようか。

C 教えて，教えて！

T 黄色のお人形さんがいない？

C いる，いるよ。

T それをタップしながら，持ち上げると青い道が出ます。

　　行ってみたい道に，その人形を置いてごらん。

C あっ！　道に入った。歩いているみたい！

T 屋根のような印をタップすると，進むよ。

C 先生，もっと早く教えてくれたら良かったのに。

指導のポイント

　こういった活動で，子どもたちは端末を使うことに熱中するでしょう。だからこそこのタイミングで，コンピュータの便利な使い方を教えつつ，インターネットは便利だけど危険な点もあるということや，ネットリテラシーに関する指導も合わせて行うことをおすすめします。

6

大安売りは誰が得するの？

3年　まちで働く人

　「大安売り」というと，買い物に行く大人だけでなく子どもたちにも魅力的な言葉です。子どもたちは「安く買える」と大安売りを大歓迎。しかし視点を変えれば，安くするのはどこかで誰かが損をしているかも。

 ネタを活かした授業展開

1. 「大安売り」の印象を聞く

T　これは，今朝新聞に入っていたチラシです。

　　（実際にチラシを見せる）

C　知ってる，スーパー○○のチラシだ。

C　大安売りするんだって。

C　お母さんは喜んでいたよ，僕も行く。

T　スーパー○○の大安売り，行ったことある人？

C　はい，いつも行くよ。

T　今日は，この「大安売り」について学習します。

2. 大安売りの仕組みについて考える

T　大安売りというと，スーパーの商品すべてが安いのですか？

C　違うよ，チラシに載っているのだけ。

C　そのチラシの一番上に載っているのが特売！

C　チラシに載っている品物は，いつもより安いよ。

T　では，スーパーは，いつもより安く売ったら損をしないの？

C　特売品では損するかもしれないけど，他で得をする。

T それは，どういうことですか？

C いっぱい人が来るから，たくさん売れる。

C 特売品だけでなく，他の品物も売れる。

T 安いからと言って他の物もたくさん買ったら，かえって損しちゃうんじゃない？

C でも特売品が安いから，全体では安くなる。

T では，特売品にひかれていくのは，広告が成功しているということ？

C まあ，そうだね。

C うちのお母さんは「あ～ら，買い過ぎちゃった」といつも言ってる！だから，うちのお母さんは，絶対特売品しか買わない。

C でも，買いに行くのが楽しみなんじゃないかな。

T チラシにひかれて行くのが楽しみなの？

C うちのお母さんは，何か安い物を探したり，先着○名とか数が決まっていたりする物を買えると「やった！」と喜んでいます。

T じゃあ，スーパーは安く売っても損しないわけか。じゃあ毎日安くすればいいのにと思わない？

C 毎日だと，飽きられる。たまにするからいい。

C うちのお母さんは，○○スーパーで働いているけど，安売り用の品があると言っていたよ。

T もうちょっと説明してもらえますか？

C メーカーに「今度，安売りするから，おまけしなさいよ」と言うらしいです。

T そのように，スーパーは安売り用の品も用意しているということですね。

補足

　子どもたちは「損」とか「得」という言葉をよく口にします。そこを切り口にすると，のってきます。さらに，近くのスーパーであれば，自分たちだけでなく家庭の事情まで話題に出てきて盛り上がります。

スーパーでは試食をしよう！

3年　まちで働く人

　これは，有名な有田和正先生の実践です。全部ではなくて，利用できるところを利用させていただいています。

 ネタを活かした授業展開

１．スーパーでの試食について，子どもたちに聞く

T　スーパーや百貨店の食品売り場で，試食があることを知っていますか？

C　知ってる。少しずつ小さいのを食べさせてくれる。

T　今日は，この「試食」について考えましょう。みんなは試食をするのに，お金を払いますか？

C　ただだよ，お金払う人なんていないよ。

T　じゃあ，ただで配ると，スーパーは損しませんか？

C　でも，食べておいしいと思ったら買ってくれる。

C　「まあ，おいしい！これもらうわ」って買っちゃうかも（笑）

T　今日は，このスーパーや百貨店で試食をすることを宿題にします。

　　でも，食べるだけではありません。次のことをよく見てくるように。

　　１．試食をすすめている人を観察する。例えば，誰にすすめているか。

　　２．試食をした人の様子を見る。

　　３．試食をした人は買ったか，買わなかったかを見る。

　　４．最後に自分も試食する。

　　この宿題は，できる人だけです。全員ではありません。期間は１週間。

　　ただし，１人で試食に行ってはいけません。おうちの人が買い物に行く時に，一緒に行きます。それと写真も撮ってはいけません。

2. 1週間後，スーパーでの試食について話し合う

T では，試食の宿題を発表してもらいます。

C 僕はウインナーを試食しました。おばさんは通る人みんなにすすめていましたが，特に子どもには絶対声をかけていました。ほとんどの人は食べるだけだったけど，時々買う人もいました。最後に僕も食べました。

T 食べた感想は？

C とてもおいしかった！　お母さんに言って買ってもらった。

T やったね。でも，それは試食の効果かな。

C お母さんが言っていたけど，私が見たのは〇〇スーパーの人ではなくて，メーカーの人だって。

T もっと詳しく説明できますか？

C 新製品を宣伝するのに，メーカーの人が持って来た品物の試食をすすめている。だから，スーパーは損をしていないみたいです。

補足

　3年生のあるクラスがスーパーに見学に行った時，名物のコロッケを1クラス全員にいただいて，食べながら店長さんのお話を聞きました。後日，子どもたちに聞いたら，10人ほどの子どもがコロッケを親に買ってもらったと言っていて，担任が効果の程に驚いていました。

　この試食の宿題については，事前に，宿題の趣旨，内容，遊びでないことなどを学級通信などで，保護者に必ず通知しておきます。

　私は，この実践を知るまで宿題というと，プリントをする，ノートに書く（タブレットを使用する）などの，家ですることばかりだと思っていました。これを知ってから，体験する楽しい宿題も増やせるようになりました。

【参考文献・資料】

『社会科教育』（明治図書）2005年4月号　沼澤清一「"すごい先生"と尊敬を集める教師の基本技」

⑧ まちの人へのインタビューを 練習しよう！

3年　まちで働く人

　社会科では，調べ学習が多くあります。子どもたちに聞き取り学習（インタビュー）をさせる時，多くの教師は目的や方法だけを示して「さあ，行きましょう」とすることが多いのではないでしょうか。私は，失礼のないように必ず練習をさせます。その方法をお教えします。

 ネタを活かした授業展開

1.　聞き取ることを確認して，練習をする

T　今度，○○商店街を回って，お店屋さんでインタビューをすることになっていますが，質問することは，わかっていますか？

C　はい，1．どうしてこのお店をやっているのですか？　2．いつからこのお店をやっていますか？　3．お客さんは１日何人くらい来ますか？　4．お店で工夫をしていることはなんですか？　5．困っていることはなんですか？　6．その他に自分が聞きたいこと，です。

T　では，ちょっと練習をしましょう。２人がペアになって，１人はインタビューする人，もう１人はされる人で練習しましょう。
　　（2人1組になって，練習する）

2.　教師相手にインタビュー練習を行う

T　では，インタビューがきちんとできるかテストをします。先生がお店の人の役をします。誰かやりたい人？　（初めは，真面目な子どもを指名）

C　こんにちは。私は，○○小学校３年１組の○○と言います。社会のお店屋さんの勉強できました。質問に答えてもらってもいいですか？

T　はい，いいですよ。

C　どうしてこのお店をやろうと思ったのですか？

T　それはね，おじさんのお父さんがお店をやっていて，私も後を継ごうと
　　思ったからだよ（以下，順に答えていく）。

C　ありがとうございました。

T　上手にできましたね，他にやりたい人はいませんか？

C　はい，次は私がやりたい。

T　さあ，最後にしようかな。やりたい人いますか？

C　はい，僕したい（元気で叱られることの多い子どもを指名する）。

C　こんにちは。僕は，○○小学校3年1組の○○と言います。社会のお店
　　屋さんの勉強できました。質問に答えてもらってもいいですか？

T　今，忙しいから，後にしてくれんか（残念そうに）。

C　あっ，すみません。ありがとうございました（慌てて言う）。

T　えらい！　Aさんは上手に言えた。先生はちょっと意地悪をしましたが，
　　そんな時もあるかもしれない。Aさんは見事に答えてくれました。さす
　　がAさん！　こんな時は，Aさんのように答えましょう。

指導のポイント

　商店街などにインタビューに行く時は，事前に「迷惑にならない時間帯」
を聞き，「聞き取り内容」を印刷して，1軒1軒お願いしながら配っておき
ます。大人しい子ども，よくできる子どもは，教えたことはきちんとできま
すが，予想外の展開には，対応できないことが多いものです。一方，元気な
子どもは生活力が高く，不測の事態に対応する能力が高い子どももいます。
そこをすかさずほめます。また，教師は型通りのこと，きちんとやれば成功
する方法だけを教えることが多いですが，私は，このように予想外の展開を
教えます。特に体育や理科などでは失敗した時の対応も教えます。子どもに
失敗を教えると逆に成功がわかります。また，心に余裕もできます。

地域の不満にヒントあり!?

　ある田舎の学校でお店屋さんの学習をすることになりましたが，お店屋さんが次々と閉店してしまっています。ただ，そのような状況も背景と考えると授業に組み込めるかもしれません。

 ネタを活かした授業展開

1．校区のお店屋さんを探す

T　今日から「お店屋さん」の学習を始めます。この校区で，見学したり，インタビューをしたりできるお店はありませんか？

C　「たなか」があるよ。何でも売っている。

T　「たなか」って何屋さんなの？　八百屋さん？

C　何屋さんかなあ。野菜も肉もお菓子も文房具も売っているよ。

T　他にお店はないの？

C　「スーパーさとう」があったけど，もうやめたよ。

T　スーパーもあったんだ。

2．スーパーがやめてしまった理由を話し合う

T　どうして，「スーパーさとう」はやめたの？

C　あまり売れなかったから。お母さんは，「あそこは高い」と言っていた。

C　それに，あそこのおじさんとおばさんが「もう年やからやめる」と言っていたんだって。

T　では，みんなのうちはどこへ買い物に行くの？

C　うちはAショッピングモールが多いよ。

C　僕の家は，隣町のBスーパーだよ。

C　僕の家は両方。お母さんは，値段のはっきりしている物はAショッピングモールで，肉とか野菜はBスーパーで買うよ。品物はAショッピングモールの方が安いけど，肉とか野菜はBスーパーの方がいいんだって。

T　では，「たなか」では，何を買うの？

C　急な時。急にお醤油がない時に，お母さんに「ちょっとテレビ見ているのなら買いに行って」って行かされる。

C　学校に来る途中にあるから，ノートや消しゴム買うのは便利。

T　「たなか」が「スーパーさとう」みたいにやめてしまったら？

C　それは困るなあ。

C　「たなか」のおじさんやおばさんも本当はやめたいけど，「やめられん」って言っていたよ。

T　どうして？

C　「車に乗れないお年寄りのためにしている」って言っていたよ。

T　「たなか」は近くで便利だけど，少し高い。AショッピングモールやBスーパーは，安いけど遠い。両方の良い所，良くない所，これからどうしたらいいのか学習ができそうだね。

補足

　他にも，子どもから「軽トラックで売りに来るよ」という発表がありました。みんなで調べると，商品配達とお年寄りの安否確認を兼ねてくれていることがわかりました。また，ある研究会では「休耕田を利用し，メダカを繁殖し地域に戻している」という発表に出会いました。「減少し続けるメダカ」を育てて増やすことは素晴らしいのですが，その前にどうして休耕田が増えているかを学習すると，「働き手が減っている」という現実的な問題に出会えます。教師にとっては，「店がなくなる」「休耕田が増える」ことは，教科書通りに行かない困ったことですが，そこを逆に追求すると，社会科としておもしろい展開になるのではないかと思います。

交通安全ボランティアさんは
お金をもらっているのかな？

3年　安全なくらしを守る

　　ある子どもが登校中に交通安全ボランティアさんに注意された時，暴言を吐いたということがありました。子どもたちは，多くの地域で登下校の時に交通ボランティアさんに見守られていますが，あまりに当たり前の光景になってしまっています。疑問にも思っていないことを子どもたちに問うことで，地域の方々への感謝の気持ちを引き出せます。

 ネタを活かした授業展開

1. 子どもたちに交通安全ボランティアさんについて聞く

T　この旗を知っていますか？
　　（交通安全ボランティアさんが使っている旗を実際に見せる）

C　知ってる，横断歩道で使うやつだ。

C　ボランティアさんが持ってる。

T　そうですね。交通安全ボランティアさんは，この旗で横断歩道を渡る時に合図をしてくださったり，信号機のない横断歩道では，車を止めて君たちが安全に渡れるようにしてくださったりしていますね。

C　毎日来てくれているよね。

2. 交通安全ボランティアさんについて考える

T　今日は，交通安全ボランティアさんの仕事について考えましょう。どんな仕事がありますか？　（仕事内容，いつするかを板書する）

C　横断歩道で旗を出して，僕たちを安全に渡らせてくれる。

C　車が急に来ないか，見てくれる。

C　帰りは家の近くまで送ってくれるよ。

T　たくさん仕事がありますね。この仕事は毎日してくれるの？

C　そうだよ。毎日。でも，朝と夕方だけだよ。

T　雨や風の強い日でも？

C　そうだよ。いつもいてくれる。

T　お休みの日はないの？

C　用事があったら，お休みみたい。

T　では，質問します。交通安全ボランティアさんは，これだけの仕事をしてくれているから，きっとお給料をもらっているでしょうね。

C　ボランティアさんだから，ただじゃないの。

C　お金はもらってないと思う。

T　たった１円も？

C　少しくらいはもらえるのかな？

T　もし，みんなだったら，毎日これだけの仕事をただでしますか？

C　しないよ。絶対しない。

T　じゃあ，どうして交通安全ボランティアさんは，雨の日も風の日も朝早くから，ただでしてくれているの？

C　私たちのことが心配だからかなあ。

C　僕のおじいちゃんは，僕が小学校の間は，ボランティアすると言っていたよ。

T　そうだよ。みんなのおじいちゃんや，この地域の人たちでないと，こんな仕事を誰もただではしてくれません。君たちが事故なく安全に登校できるように願っているから，この大変な仕事をしてくれています。心の底から，ありがとうと思わなくてはいけませんよ。

補足

　交通安全ボランティアさんの処遇や貸与品については，自治体によって違うと思いますので，確認をして授業に取り組むと良いでしょう。

家族の「子どもの頃」を
想像してみよう！

3年　市のうつりかわり

　時代のうつりかわりを学習する時に，教科書等にはよく「およそ○年前」という記述が見られます。ところが，それは3年生の子どもたちにはイメージしにくい表現なのです。そこで，基準を「今，自分たち」「お父さん・お母さんが子どもの頃」「おじいさん・おばあさんが子どもの頃」の3つで比較するとわかりやすくなります。

 ## ネタを活かした授業展開

1. 町の歴史を学習することを知る

T　今日から，町の歴史を学習します。昔の町や生活のことを聞ける人，教えてくれる人はいませんか？

C　お父さんはこの学校を卒業しているから，お父さんに聞く。

C　うちは，おじいちゃんもこの学校を卒業しているから聞けるよ。

C　えー，僕の家は，お父さんもお母さんもこの学校じゃないから，聞ける人はいないよ。

T　隣の家の人とか，近所の人で聞ける人はいませんか？

C　うちは新しい団地だから，周りの人もよそから来た人ばかりだよ。

T　そうか，そんな時は，この町のことを聞くことのできる他の友達と，一緒に聞き取りをしましょう。

2. 調べ学習の基準を知る

T　昔と言っても，この町の歴史は長いので，全部が学習できるわけではありません。3つの時代に分けて学習を進めます。1つめは「今」みんな

が住んでいる時代。2つめは「お父さん・お母さんが子どもの頃」，3つめは，「おじいさん・おばあさんが子どもの頃」です。

1つめの「今」は，みんながいるから調べなくて良いです。2つめと3つめを聞き取り学習します。調べることは，その時代にあった物や，やっていたことです。例えば「給食」について聞きます。「お父さん・お母さんが子どもの頃の給食はどんなのだったのか」「おじいさん・おばあさんが子どものころの給食はどんなのだったのか」。他にも，「遊び」「朝ご飯」「先生」「祭り」何でもいいです。

C　お父さん・お母さん，おじいさん・おばあさん，全員に聞かなければいけませんか？

T　お母さんとか，おじいさんとか聞ける人に聞けばいいです。

C　お母さんには聞けるけど，おじいさん・おばあさんの聞ける人がいない人はどうしますか？

T　他の友達と一緒にしてもいいし，おじいさん・おばあさんが遠くにいる人は，電話して聞いてもいいよ。例えば，町が違っても，「テレビ」は日本中同じだからね。

C　私は，ひいおばあちゃんがいるのですが，ひいおばあちゃんに聞いてはいけませんか。

T　それはすばらしい。もっと昔のことがわかるから，ぜひ聞いてください。

補足

　父母，祖父母と時代を分けましたが，同じ時代でもある程度の年齢の差は仕方ないと思います。子どもたちの聞き取りは，多岐に渡ります。品物，文化，くらしなどなど。それをまとめるのは，教師の仕事です。しかし，最初は教師が行っても，その様子を見せることにより，次第に子どもたちだけでもできるようにしていきます。調べてきたことは，見やすいようにある程度の大きさの画用紙等の厚紙に，時代別に紙の色を変えて書くと良いでしょう。

3年生

4年生

5年生

6年生

12

地域のお年寄りに
知恵をもらおう！

3年　市のうつりかわり

　子どもたちと町探険に出かけると，おじいさん，おばあさんに出会うことが多いです。お年寄りというと，親世代よりも労働面では劣っていると思いがちですが，優れた技術をもった方がいらっしゃいます。それを探します。実は，これは子どもから教えてもらったネタです。

 ネタを活かした授業展開

1．町探険から帰った後の子どもたちの意見を聞く

C　先生，町探険に行くと，会うのはおじいさん・おばあさんばかりだね。

T　そういえばそうだね。どうして，おじいさん・おばあさんとばかり会うのでしょう？

C　おじいさん・おばあさんは暇だから。

C　おじいさん・おばあさんは，もうあまり力がないから。

C　お父さんやお母さんは，働いているから忙しい。

T　おじいさん・おばあさんは，働いていないの？

C　会社には行ってないけど，うちのおじいちゃんは家で働いている。

2．おじいさん・おばあさんは暇なのか？　を考える

T　では，おじいさん・おばあさんは，どうして働かないのですか？

C　今までいっぱい働いたから。

C　もう，年金をもらっているから働かなくていい。

T　年金って何？

C　おじいさん・おばあさんは，今までいっぱい働いたから，もう働かなく

ていいよって役所がお金くれるの。

T 役所がお金くれるのに，働く人はどうして働くの？

C 動かないと体がダメになると言っていた。

C 田んぼや畑がいっぱいあるから，休む暇ないって言ってた。

T おじいさん・おばあさんの方が，お父さん・お母さんより上手なことも
　あるのじゃないかな？

C お父さんはあぜのつくり方はおじいちゃんの方が上手と言っていた。

T では，お父さん・お母さんより，おじいさん・おばあさんの方が優れて
　いる，上手ということをさがしてきましょう。宿題です。

補足

　地域のお年寄りからお話を聞いて，一番驚いたのが「山で貝を獲る」とい
う方法でした。漁師さんが，アサリが大量にある所（海の底）を見つけたら，
その場所を覚えておく方法です。携帯も GPS もない時代の話です。例えば
その船が JA と学校の間にあったとします（図1）。しかし，それでは，船
の位置が固定されません。しかし，その後ろの山も一緒に覚えておくと，船
の位置は1点に固定されます（図2）。その方には，他にも様々な生活の知
恵を教えていただきました。

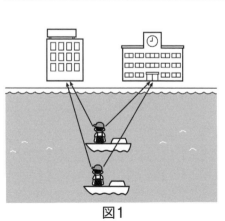

図1

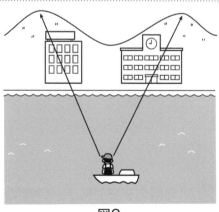

図2

おじいさんやおばあさんの年齢を
紙テープで表そう！

3年　市のうつりかわり

　時代のうつりかわりを「今，自分たち」「お父さん・お母さんが子どもの頃」「おじいさん・おばあさんが子どもの頃」の３つで比較しますが，この年代の差を紙テープで実際に見える形にすると，子どもたちはおじいさん・おばあさんがいかに長く生きてこられたかに驚きます。
準備物：紙テープ（３色から４色），ハサミ，糊，Ａ４かＢ４の紙（またはノート）

 ネタを活かした授業展開

1. 子どもたちに，お父さん・お母さん，おじいさん・おばあさんの年齢を聞く

　（祖父母の年齢を知らない児童が多いので，事前にお父さん・お母さん，おじいさん・おばあさんの年齢を聞いてくることを宿題にしておく）

T　この前に，町の歴史の聞き取り学習をしましたね。ところで，君たちのお父さん・お母さん，おじいさん・おばあさんは，おいくつですか？

C　お父さんは39才でお母さんは35才だよ。

C　うちは，おじいちゃんは，65才で，おばあちゃんは60才だよ。

C　電話して聞いたら，おじいちゃんもおばあちゃんも63才だって。

C　ひいおばあちゃんは90才だって！

T　すごいね。

2. 年齢の長さで紙テープを切る

T　今日は，君たちのお父さん・お母さん，おじいさん・おばあさんの年齢

を実際に見てもらいます。

C 年齢をどうやって見るの？

T みんなのお父さん・お母さん，おじいさん・おばあさんの年齢を紙テープの長さで表すと，年齢が見えます。

C どうやるのですか？

T 1才を1cmとします。みんなは今，8才？9才？8才の人は紙テープを8cmに，9才の人は紙テープを9cmに切ります。それをこの紙（またはノート）に貼ります。

T みんなは，この黄色にしましょう。8cmか9cmに切って，紙の一番左に貼ります。その下に名前を書きます。同じようにお父さんやお母さん，おじいちゃんやおばあちゃんの年齢をテープの長さに表して貼ります。

C 先生，長すぎて定規が足りません。

T 印をして，何回か繰り返すか，友達と協力しましょう。

C 先生，お父さんでも貼る紙より大きくてはみだすよ。

T 2つ方法があります。はみ出した分を切って横に貼る方法と，折りたたむ方法があります。

C 切って横に貼った方が見やすいから，切ります。

C 先生，ひいおばあちゃんは，90才だから90cm！　凄く長いよ。私のなんか，これだけ！

T そうだよ。それだけ長い間生きてこられたんですよ。

補足

【参考文献・資料】

『伊勢市立東大淀小学校　研究紀要』昭和60年度（1985年度）

身近な地名にヒントあり!?

　　各地に当たり前のように存在している地名。実は地域学習の大きなヒントになります。地域名を探るだけで，地域学習ができあがってしまうほどの魅力を秘めています。これは，実際の授業であった展開です。

 ネタを活かした授業展開

1. 地域の地名について，気になることを考える

C　先生，おかしいんだよ。今，○○の地図をかき込んでいるんだけど，変なんだよ。

T　何が変なの？

C　大堀川の東にある○○町は，6つの組に分かれているけど，その名前が変なの。まず一番西にあるのが西組，次が1番組，2番組，3番組，4番組，そして最後が5番組。

T　どこが変なの？

C　だって，数字は1から5まであるのに1つだけ西なんだよ。1の前なら0じゃないの？　0番組から5番組ならわかるけど。

C　0も変だよ。

C　だったら，1番組から6番組にすればいい。

T　確かにそうだね。調べられるかな？

C　うん，おじいちゃんに聞いてくる。

2. 聞き取りからわかったことを発表する

T　この前の時間，○○町の番組の名前の付け方が変だという話になりまし

た。今日は，調べてきてくれたことを発表してもらいます。

C うちのおじいちゃんに聞きました。昔は，西組がなくて1番組から5番組しかなかったそうです。

C じゃあ，今，西組があるところは何だったのですか？

C それは川だったそうです。

T もうちょっと詳しく説明できますか？

C 昔は，今より大堀川の川幅が広くて，今，西組のある所は川原だったそうです。堤防ができて川幅が狭くなったので，今まで川原だった所が土地になったそうです。

T 大堀川は前より狭くなったんだね。

C そう。それで新しくできた土地に家が建ったので，初めは1番組の仲間だったけど，増えてきて新しい組をつくることになったそうです。みんなが言っていたけど，1番組の前だから0だけど，0は変だということで，西組にしたそうです。

C そういえば，西組に建っている家は新しいかも。

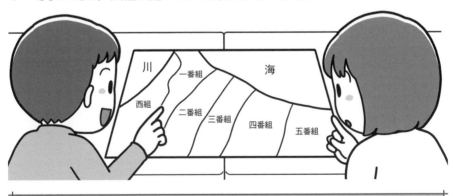

補足

町名の漢字を探るだけでも，歴史が見えてきます。

第2章

社会の授業で使えるネタ

4年生

自分たちの地域を知ることが学びの要ですが，実は学ぶのは子どもだけではありません。教師が地域について知り，また，子どもの気づきに教師が教えられることもあります。

自分たちの県の
メダルを探そう！

　少し古い話になりますが，朝，起きて見た新聞の朝刊に驚きました。それは静岡県の大きな1面広告で「以下の県の皆様，すみませんでした」と書かれていて，いくつかの県の名前と特産物が列挙されていました。そして一番下に「静岡県がなければ一番になれたのに」と書かれていました。そうです。列挙されていた県は，生産が2番目の県だったのです。まったく人を食った話です。でもおもしろいと感じた私は，いつか教材に使えるとその新聞を残しておきました。

　しばらくして，その新聞をなくしたことに気づきました。間違えて捨てられたみたいです。仕方がないので，静岡県庁に電話し理由を話しました。担当の方は大変喜び，いろいろとお話をしていただき，また何かの賞を受賞したことも教えてくれました。その広告を送ってもらえることになりました。

 ## ネタを活かした授業展開

1.　住んでいる県の金メダル（1番なこと）を話し合う

T　みんなの住んでいる三重県で，これは，日本で1番，オリンピックで言うなら金メダルということを，思いつくことはありますか？

C　先生，真珠は？

C　伊勢エビは。

C　伊勢って名前が付くくらいだからね。

C　牡蠣は有名だよ。

T　では，これは，金メダルというものを探してみましょう。

2. パソコンやタブレットを使って，メダルの取れる生産物を探す

T 三重県，スペース，生産量，スペース，１位と入れます。

C 伊勢エビは，やった１位だ。でも，千葉県と争っている。

C サツキも１位だよ。

C お茶はかぶせ茶が１位だって。

C 海女さんも１位だって。

C 先生，面白い。日本一短い地名・駅名で「津（つ）」が上がっている。

T では，そこに載っていなかった品物は，「三重県，スペース，生産量，スペース，○○○（調べたいこと）」を入れます。

C 真珠は３位だ。銅メダル。

C 牡蠣は５位にも入ってない。広島県がダントツ１位だ。

T あと，「三重県，スペース，全国トップ３」とか「実はそれ，ぜんぶ三重なんです！」を入れてごらん。

C セミノールが２位，お茶は３位。

C 面白いのがいっぱいある。

T 最後にまとめるよ。一番上に「三重のランキング」と書きます。そして，一番左に，種類「伊勢エビ」と書きます。簡単にイラストを入れます。そしてその右に１位金メダル三重県，２位銀メダル○○県，３位銅メダル○○県と書いて，最後にその資料の年を書きます。できればぜんぶ同じ年がいいけど，無理なら同じ年にならなくても仕方ありません。

補足

【参考文献・資料】

「三重県の日本一」：みえ DataBox より，(参照2021-07-14)

https://www.pref.mie.lg.jp/DATABOX/28822002675.htm

『「実はそれ，ぜんぶ三重なんです！」～三重県の日本一編～』総務省資料

より　https://www.soumu.go.jp/main_content/000517320.pdf,

(参照2021-07-14)

2

ゆるキャラから
地域の特徴を知ろう！

知名度を得たゆるキャラです。全国各地にあるのではないでしょうか。ゆるキャラをよく見ると，それぞれの県や市の特徴をよく捉えています。これを利用しない手はないと思いました。

 ネタを活かした授業展開

1.　好きなゆるキャラを発表し合う

T　皆さんはこのキャラクターを知っていますか？

C　知っているよ。

C　くまモンだ！

T　どこのキャラクターか知っていますか？

C　熊本県。

C　すぐわかったね。

C　簡単だよ。熊本県だからくまモン。覚えやすいよ。

T　なるほど，では，このキャラクターを知っていますか？

C　知ってる知ってる，「ねばーる君」。

T　では，どうして「ねばーる君」という名前が付いたのでしょうか？

C　納豆が有名で，納豆はネバネバするから「ねばーる君」。

T　では，どこの県のキャラクターでしょうか？

C　えっと，茨城県。

C　でも，先生，「ねばーる君」は非公認だよ。それに，お父さんは大豆で，お母さんは納豆菌なんだって。納豆だから，7月10日生まれなんだよ。

T　非公認ってどういうこと？

C 正式でないというか，県に認められてないの。

T よく知っているなあ。このようにゆるキャラは，それぞれの土地の特徴をよく表しています。

2. 地元のゆるキャラについて調べる

T みなさんは，この伊勢のゆるキャラについて知っていますか？

C 「はなてらすちゃん」と「いせわんこ」。

C 「伊勢まいりんくん」もいるよ。

T それぞれの格好と名前が付いた理由を知っていますか？

C なんだろう。

C 「いせわんこ」は知ってるよ。

T みんなに教えてくれる？

C 昔，お伊勢参りに来られない人が，犬を自分の代わりに伊勢にお参りさせたのだって。

T では，その他のキャラクターをみんなで調べてみましょう。

補足

　気軽に思いついた「ゆるキャラ」の授業ネタですが，調べると「ゆるキャラ」という言葉自体が商標登録されていること，さらに，公認，非公認，地域（市町村），県のキャラクターが入り乱れ，「ゆるキャラ」にも狭義，広義があることがわかりました。

3 宇宙船の中では 水はどうしているのかな?

　水は，わかりやすい循環型の資源です。だから，水を汚すといつかは人間に跳ね返ってきます。では，地球よりももっと小さい宇宙船の中では，どのような循環をしているのでしょうか?

ネタを活かした授業展開

1. 地球での水の循環について考える

T　水道の学習で，水は自然界を回っていることがわかりましたね。だから，水を汚すといつかは，人間に跳ね返ってきます。

C　消毒して綺麗にすればいいんじゃないの?

T　残念ながら，人間の技術ではどうしようもない時があります。汚れが取れない場合があるのです。

2. 地球よりも狭い宇宙船の中では，水をどうしているのか考える

T　地球は大きな宇宙船と考えることができます。汚れてしまうと，中にいる人間が病気になったり，住めなくなったりするのです。「不便だ」「面倒くさい」と言う人もいますが，レジ袋やプラスチックのストローを減らしているのも，その対策の1つなんだよ。

C　知ってる。亀がレジ袋をクラゲと間違って食べちゃうんだって。

T　よく知っていますね。さきほど，地球は大きな宇宙船と言いましたが，本当の宇宙船やISSなどの宇宙ステーションでは，水をどう処理しているか知っていますか?

C　どういうことですか?

T　宇宙飛行士たちは，水を飲んだ後，おしっこが出ますね。宇宙船の中は地球と違って雨は降りません。水はどんどんなくなりますね。どうするのでしょう？

C　地球からロケットを打ち上げて運ぶ。

T　人間は食べ物からも水分は取れますが，それ以外に1日に約1.5L必要と言われています。ISSには6人だから1日に約10L。1月なら300L（300kg）。いちいちロケットを打ち上げていたら，ものすごくお金がかかってしまいます。NASA（アメリカ航空宇宙局）では，1Lに約240万円かかっていたという話です。

C　そんなに高いの！

T　だから，宇宙船の中では，出したおしっこを濾過して消毒して，また飲んでいます。

C　なんか，汚い気がする。

T　それしかないから仕方ない。でも，きちんと消毒するし，においもないそうです。

補足

【参考文献・資料】（いずれも2021-07-14参照）

「水の飲み方は大切」：サントリー『水大辞典』くらしと水より

https://www.suntory.co.jp/eco/teigen/jiten/life/01/

「ISSでは尿を処理して飲料水にしているとのことですが，安心して飲めるのでしょうか？」：ファン！ファン！JAXA！　FAQより

https://fanfun.jaxa.jp/faq/detail/87.html

「『尿を飲料に変える携帯バッグ』が宇宙へ」：『WIRED』より

https://wired.jp/2011/07/08/「尿を飲料に変える携帯バッグ」が宇宙へ/

4

電気はどこに行くの？

水は生活で使った後，排水されます。排水された水は，川を流れて海に行き，水蒸気となって雲になります。そして，雨となってまた地表に返る。わかりやすい循環型の資源です。では，電気はどうでしょうか。

 ネタを活かした授業展開

1．発電方法を話し合う

T　水は自然界を回っていることを学習しました。今日は，電気の学習です。電気はつくらなくてはなりません。それを発電と言います。どんな発電方法があるか，知っていますか？

C　原子力発電。

C　水力発電。

C　風力発電。

C　火力発電。

C　ソーラーパネル。

T　ソーラーパネルは，太陽光発電だね。本当は，他にもまだあるけど発電量が小さいから，主なものはこれくらいです。

2．電気の使用方法，その後について考える

T　その電気は，送電線で家まで来ます。家で電気を使うものには何がありますか？

C　テレビ。

C　冷蔵庫。

C　洗濯機。

C　天井のふつうの電気（電灯）とか！

C　掃除機も電気だね。

C　オーブントースター。

C　パソコンやゲームもそう。

　　※子どもから出た意見は，電灯類（光が出る物），掃除機・洗濯機類
　　　（運動になる物），オーブントースター類（熱が出る物），ラジカセ類
　　　（音が出る物），テレビ・コンピュータ類（複合された物）に分けて板
　　　書しておきます。

T　電気製品は，いろいろな物があるよね。水の時は，使い終わったら排水
　　路を流れて川，川から海へと行きました。電気は使い終わったら，どこ
　　に行くのでしょう？

C　消えていく？

T　実は，電気は形を変えたのです。電灯類は光に，掃除機・洗濯機類はモ
　　ーターなどの運動に，オーブントースター類は熱に，ラジカセ類は音に，
　　テレビ・コンピュータ類は光や熱や運動など色々なものに形を変えます。
　　（板書したそれぞれの下に，光，運動，熱，音，複合と書き加える）
　　水は，水自体が回っているだけですが，電気は，そうではありません。
　　電気は形を変えてなくなっていったのです。
　　電気器具はつけっぱなしにせずに，大事に使用しましょう。

補足

　電気を取り出す時は，風力発電は，回転（運動）から電気に。ソーラーパ
ネルは，光から電気に。原子力発電は熱から電気に変えることができます。

【参考文献・資料】（参照2021-07-14）

「エネルギーってなあに」：Kids エネルギア　中部電力より

https://www.energia.co.jp/kids/kids-ene/learn/about/type.html

火事の原因,
1位は何だろう?

　火事の多い時期や出火原因というと, 時期は冬で, 火を使うことが多いから, だと思っていましたが, 最近では, 放火（疑いを含む）が1位になると聞いて驚きました。

 ネタを活かした授業展開

1. 火事が最も多い季節を予想する

T　火事が一番多い季節はいつだと思いますか？

C　ぜったい冬だよ。

C　だって寒いから火をよく使うよ。

T　では, この表を見て下さい。火事が一番多いのはいつかな。

C　あれ！　1月より4月や5月の方が多いよ。

T　そうでしょう。最近は冬より春の方が多いのです。

C　どうして春が多いの？

T　最近は, オール電化の家が増えてきて, 直火を使う家は減ってきました。電気の暖房器具やガスコンロも安全性が増したので, 火災の原因になることが減ってきました。だから, 寒い冬が一番ではなくなったのです。春に火事が多い原因は, 空気が乾燥しているし, 風の強い日が多いので, 少しの火でも燃え広がることが多いからと言われています。

2. 火事の原因について考える

T　では, 次に火事の原因について考えましょう。火事の原因の1位は何だと思いますか？

C　タバコかな？

C　携帯から火が出る。

T　それだと，家が燃える前に人が火傷するね。この表を見て下さい。

C　1位はやっぱりタバコだ。

C　2位はたき火。

C　3位のコンロって何ですか？

T　コンロというのはこういうもので，物を温めたり，自分が温まったりすることができます（図示する）。

C　4位に放火が入っているよ！

T　そうだね，でも実は，4位の放火と5位の放火の疑いを足すと，なんと1位になるんだよ。

C　えっ！　悪いやつがいるものだ。

C　最悪！

T　自分が火事を起こさないのも大事だけれども，放火を防ぐためには火が簡単につくような物を外に置かないようにすることも大切だよ。

補足

【参考文献・資料】

「令和元年（1〜12月）における火災の状況（確定値）」：総務省消防庁消防統計（火災統計）より

　https://www.fdma.go.jp/pressrelease/statistics/items/005036230 b6c8af310911ad32728f862007d6110.pdf，（参照2021-07-14）

「日常のリスクにそなえる」：パナソニック保険サービス株式会社より

　https://panasonic.co.jp/pisj/useful/risk/kasai_yobou. php?oshirase_202102，（参照2021-07-14）

6

火事を起こして人助け!?

4年　防災

　未曾有の大災害を起こした東日本大震災から10年が過ぎました。災害に対する備えは，一時たりとも忘れることはできません。この話は，災害の恐ろしさと人の機転を，伝えるものとして語り継がれています。

 ネタを活かした授業展開

1. 東日本大震災についての話をする

T　大地震と津波を引き起こした東日本大震災から約10年が過ぎました。知っていますか？

C　すごい地震と津波だったことは知っているよ。

T　今，ここで大きな地震があり，津波が来ると放送されました。さあ，君たちは，どうしますか？

C　高い所に逃げる。

C　走って逃げる。

T　大事な物を家に忘れたと気づいたら？

C　取りに行かない。

T　みんなは「津波はてんでんこ」という言葉を知っていますか？

C　聞いたことないなあ…

T　これは東北地方の言葉で「津波が来たら，取る物も取り敢えず，誰にも構わずに，各自てんでんばらばらに1人で高台へと逃げろ」ということです。

　津波はすごいスピードでやってきます。人のことを構っていると，自分が死んでしまいます。つまり「自分の命は自分で守れ」と言うことです。

今からする『稲むらの火』というお話は，津波の恐ろしさをよく表した話です。

2. 『稲むらの火』の話を聞き，感想を話し合う

T これから，『稲村の火』というお話をします。
　読んだ後に感想を聞きますので，災害の恐ろしさについて考えながらよく聞いてくださいね。
　（『稲村の火』の読み聞かせをした後，簡単に図示をする）

T みんなは，この話を聞いてどんなことを感じましたか？

C 庄屋さんはかしこいね。

C 高台に集まらなかった村人はどうなったのかな？

T 残念ながら間に合わなかったのでしょうね。

C かわいそう…

T でも，稲わらに火をつけなかったら，祭りの準備をしていた人たちは全員亡くなっているよ。それくらい津波は辛く厳しいものだという教えなのです。

補足

　『稲むらの火』は，ラフカディオ・ハーンが書いた英語の原作を和訳し，さらに児童向けに翻訳した『稲むらの火』が現在に至っています。史実とは異なる点がありますが，防災教材として高く評価されています。

【参考文献・資料】

「稲村の火の館」：濱口梧陵記念館・津波防災教育センター・広川町より

https://www.town.hirogawa.wakayama.jp/inamuranohi/

（参照2021-07-14）

7

使用済みの紙おむつを
リサイクル!?

4年　リサイクル

　SDGs の広がりで，よりいっそう環境のことを考えるようになって
きています。最近では，使用済みの紙おむつまで回収し，再利用しよう
としているということをテレビの情報で知って驚きました。

 ネタを活かした授業展開

1．子どもたちに紙おむつを見せる

T　今日はこんな物を持って来ました。これが何だかわかりますか？（紙お
　　むつを出す）

C　紙おむつだ！

T　そうだね。紙おむつって，使い終わった後は，どうしていたのかな？

C　捨てるよ。うちは，弟が使っているけど，燃えるゴミで捨てている。

T　この使った紙おむつは燃えにくいので，燃やす時に大変エネルギーがい
　　るのを知っていますか？

C　だって，おしっこ満杯だよ。なかなか燃えないよ。

T　ちなみに，実は使用済み紙おむつはどんどん増えています。

C　赤ちゃんや子どもは少なくなってきているのに？

T　使う人は，赤ちゃんだけではありません。

C　お年寄りも使っているからだ。先生も使っている？

T　えっ！　なんで知っているの？（笑）

2．使用済みの紙おむつについて考える

T　それで，何とかリサイクルできないかと工夫しています。ちょっと見て

ごらん（机の上に紙を広げ，紙おむつを破る）。

C　（パラパラと音を立ててこぼれる）あっ，何か落ちてきた。

T　これは，おしっこなどの水分を吸い取る吸水ポリマーといいます。これが，沢山の水を吸い込みます。吸収ポリマーは，砂漠の緑化にも使われています。おむつの外側はプラスチック，中身のこの綿には，パルプといって木材からつくった物が混ざっています。体に触れる物だから，とてもいい物を使っています。そのまま燃やしてしまうのは，たいへんもったいないのです。

C　先生，ウンコはどうするの？

T　残念ながら，染みこんでしまっているオシッコやウンコは，リサイクルできません。でも紙おむつを洗浄した後に残った泥を固めると建築用に使えます。都会には，「紙おむつ専用ボックス」があります。そして，プラスチック，パルプ，その他と分けてリサイクルしようとしています。パルプはトイレットペーパーにもなるんだよ。

補足

　吸水ポリマーは，中綿に入れ込んであるのもあります。その時は，破ってもこぼれません。中綿に水を染み込ますと，綿が膨れても水がこぼれないという様子を見せることも良いでしょう。

【参考文献・資料】（いずれも2021-07-14参照）

一般社団法人 NIPPON 紙おむつリサイクル協会より

https://diapers-recycle.or.jp

「ビジネス特集『洗って使える？紙おむつのリサイクルとは』」：NHK より

https://www3.nhk.or.jp/news/html/20201203/k10012742891000.html

「世界初の事業化へ，紙おむつリサイクル技術が完成した！　ユニ・チャーム，使用済みを原料に」：ニュースイッチより

https://newswitch.jp/p/19668

社会の授業で使えるネタ

第3章

5年生

学びの対象が広がると，子どもたちもなかなか興味を示しにくくなるものです。そこでキーワードは各地域の「工夫と努力」。この視点で興味関心を引き出すネタを活用しましょう。

1

グラフはどうやって見るの？

5年 総則

5年生の社会では多くのグラフが出てきます。私は若い頃、「社会科初志の会」の学習会で有田和正先生にグラフの指導方法を教えて頂いて、目からうろこが落ちる思いでした。以来、この方法を指導しています。

ネタを活かした授業展開

1. 基本的なグラフの見方を順番に問う

T 教科書の○ページを開けましょう。右下のグラフを見ます。先生が質問をしていくから、教室の1番右前の人から順番に答えていってください。
1. このグラフの題は何ですか？

C 「旭川市を訪れる観光客数」です。

T 次は、2. どこが出しましたか？

C 「旭川市役所」？

T それでいいですよ。次の人、3. 何年に出されたグラフですか？

C 2016年？ 2018年？ 2つ書いてあるよ。

T 2016年の資料だけど、発表したのは2018年ということです。次の人、4. 縦軸は何を表していますか？

C 「万人」？

T 人数を表しています。数字は1万人を表していますから「70」は70万人ということですね。次の人、5. 横軸は何を表していますか？

C 「月」と書いてあります。

T 何月かを表していますね、だから1は1月ですね。次の人、6. 縦軸の1目盛りはいくつですか？

C　10万人？

T　いいですね。次の人，7．横軸の1目盛りはいくつですか？

C　簡単！　1月，1か月だよ。

2．グラフの内容について問う

T　次の人，8．最大値はグラフのどこでいくつですか？　最大値というのは一番大きなところです。

C　7月でだいたい78万人くらいかな。

T　そうですね。それくらいですね。次の人，9．最小値はグラフのどこでいくつですか？　最小値というのは一番小さいところです。

C　4月で約15万人です。

T　次の人，10．最大変化のところを教えてください。最大変化というのは，一番大きく増えたり，減ったりしているところです。

C　4月から5月で，約20万人？　増えています。

T　そうですね，上手に読めましたね。次の人，11．このグラフから，何でもいいので気づいたことを言ってください。（3人くらい）

C　7，8，9月と夏に観光客が多い。

C　11月と12月はほとんど同じ。

C　冬は観光客が少ないのに，なぜか2月は多い。

T　いいところに気づきましたね。「旭川冬祭り」があるからです。

補足

　はじめはこのように丁寧に進めていきますが，段々とスピードアップしていきます。慣れてきて，矢継ぎ早に質問すると，13問で2分かからない時もあります。

【参考文献・資料】

「旭川市を訪れる観光客数（2018）」：旭川市

「社会科初志の会」夏季全国集会：昭和61年8月　第29回

資料から得られる
一次的・二次的な情報を考えよう！

　これも，学習会で有田先生から教えてもらった方法です。その時は6年生で使われる竪穴式住居がある村のイラストから，直接かかれていない季節，方角，風向まで読み取りました。単に見て得られる情報だけでなく，それから考えられる情報を見つける重要性を教えてくれました。この方法を知ると，それまで，ただ見て感想を言い合っていた写真やイラストからより多くの物が見えてきます。

　ただし，ここで述べる「一次的な情報」と「二次的な情報」の言葉については，あくまでも私が定義したものなので，ビジネス社会で使用される定義とは違います。ここでは，

　　一次的な情報：イラストや写真から見てすぐに得られる情報。

　　二次的な情報：その絵や写真から考えられること。

として，します。

 ネタを活かした授業展開

1. 得られる一次的な情報を聞く

T　教科書の○ページを開けて，右上の写真をみましょう。この写真から見つけたことを発表してください（遠くに山が見える農地で農民が畑を耕している写真，○○県○○地方と書いてある）。

C　農民が鍬を使って耕作している。

C　たくさんの人が働いている。

C　牛を使っている。

2. 考えられる二次的な情報を聞く

T これらの意見はこの写真を見て見つけたことですね。この写真から，考えられることがありますか？

C 人力だから，多くの人が働かなければならない。

C 牛を使っているから，まだこの時代は機械がない。

T この写真は何時頃かわかりますか？

C えっ！ 時計がないのにわかるの？

T ヒントは人の影。

C あっ！ 影が短いからお昼ごろかな。

T よく見つけました。だいたいお昼ごろだね。では，遠くの山はどの方角にあるかわかりますか？

C そんなのわかるの？

T 影が手前にあるということとは…？

C 太陽がある向こうは南。山は南にあるんだ。

（ここまでは必要ありませんが，地図を見ると地名と方角から山の名称が類推できることもあります）

指導のポイント

　以上のように，子どもたちにクイズとして「考えられる二次的な情報」を普段から出していくと，事件を捜査するようなおもしろさが出てきます。子どもたちがのってくるし，資料活用能力や思考力が付きます。ただし，それには，事前に教師がどのような二次的な情報を得られるかを考えておく必要があります。

3 いろいろな世界地図を見てみよう！

5年　世界から見た日本

　世界地図というと，ごく一般的な北が上，日本と太平洋が真ん中のメルカトル図法が浮かびますが，いろいろな世界地図があります。それらを子どもたちに見せると，見方が変わり，違ったものが見えてきます。私は地図の実物やパワーポイントを用意し，以下の流れで行いました。

 ネタを活かした授業展開

1. いろいろな世界地図を見る

T　ちょっとこれを見てください（普通の世界地図）。

C　よくある普通の地図だね。

T　そうですね。普通の世界地図です。次はこれ（ヨーロッパが中心の世界地図）。

C　アフリカが中心にあるね！

T　みんながいつも見ているのは，日本が中心ですが，どこの国も自分の国を真ん中に置いています。ヨーロッパやアメリカでは，これが一般的な世界地図です。次はこれ（オーストラリアが中心で南北は逆）。

C　なに？　上下が逆さまだよ。

T　上下ですが，地図の方角で言うと？

C　南北が逆。

T　そうです。さっきも言いましたが，自分の国を真ん中にしたいのです。どこの国の世界地図でしょう？

C　オーストラリア？

T　正解です。でも，オーストラリアの人たちは，本当は日本と同じ世界地

図を使っています。これは，オーストラリアの人が冗談半分でつくった地図です。おみやげとして人気があります。

2. いろいろな世界（写真）を見る

T 次からは，写真も入ります。これは何の写真かな（宇宙からの写真）。

C 人工衛星から撮った世界だ。

T 気づいたことは？

C 緑の所は森かな。茶色い所は土？

C 砂漠じゃない？

T 正解，これはゴビ砂漠，サハラ砂漠です。

C 砂漠は広いんだね。

C こんなに大きいとは思わなかった。

T 次はこれです（宇宙からの夜の写真）。

C ほとんど真っ暗だね。

C 夜の世界の写真？

T そうです。白い所と暗い所がありますが，白い所はどうしてかわかりますか？

C 明るいから電気がついているのかな？

T そう，白い所が多いのは，人が沢山いる証拠で，先進国とも言えます。

C アフリカはほとんど真っ暗だ。

T 次はこれです（通信網を表現したCG）。

C 夜の世界に線が入っている。

C ひょっとして，インターネット？

T そうです。通信網です。本当は見えないけど，見えたらこうなるという絵なんです。

C アメリカやヨーロッパは線がいっぱいだ。

T 次はこれ（人口に比例して国土の面積を変えた地図）。

C 何？　国の大きさが普通と違う。

T 大きい国は，どこでしょうか？

C 中国とインドだ。

T 人口を基にして表現すると，この地図になります。

C 日本って意外に大きいんだね！

T 最後はこれ（ドラゴンクエストの世界地図）。

C 何だろう。

C あっ，わかった，ゲームのドラクエだ。

T はい，ドラゴンクエストの世界地図です。

補足

【参考文献・資料】

　用意した地図は下記のとおりです（1から3は実物を持っているので利用しましたが，その他については，ネットで検索してパワーポイントを作成しました）。

1．世界地図（一般的）

2．世界地図（大西洋が中心）

3．世界地図（南北が逆，オーストラリアが中心）

4．人工衛星から撮った昼の世界

5．人工衛星から撮った夜の世界

6．通信網を表した世界

7．人口を基にした世界地図

8．ドラゴンクエストの世界地図

4

写真でわかる北の国

5年 日本の特徴（コラム）

有田先生の授業で，小学校の校庭にあるぐにゃぐにゃに曲がった鉄棒の写真を見せ，なぜそうなったのかを問い，雪国の降雪量や重さに驚かせるという実践がありました。私も雪国にスキーに行った時，小学校の校庭で実際に曲がった鉄棒を見て驚いたものでした。他に雪国の雪の量に驚くものはないかと探してみたら，玄関が使えることがわかりました。豪雪地帯では，雪が多いので1階が埋まってしまい，玄関が使えなくなってしまいます。そのために2階にも臨時の玄関がつくってあるのです。岩手県出身のM先生に聞いてみました。やはり2階にも玄関があるそうです。

ネットで「2階　玄関」と検索したら，たくさんの写真が出てきたので，早速授業で使ってみました。初め，子どもたちに雪のない時の家の写真を見せると，「変な家」とか「なんで玄関が2階にあるの？」「ドア開けたら落ちてしまうよ」とか言っていましたが，「ある季節になると役に立つ」と言ったら，子どもは，すぐにわかりました。雪国の子どもたちには当たり前すぎて使えないネタですが，雪国でない子どもたちもすぐ気づきます。

冬に新潟県の郊外にある高級住宅街を通った時，その景色に違和感を覚えました。車庫やカーポートが，どの家も道路にへばりつくように設置されているのです。私の感覚では，お屋敷と言われるような大きな家の場合，門扉から続く広大な庭の中に，車庫やカーポートがあるものです。

その理由は，その後すぐにわかりました。丁度，除雪車が来たのです。車を置く場所が庭の中なら，そこから道路までは自分で除雪しなければなりません。ところが，道路にへばりつくようにつくれば，除雪車が通ったらすぐに車が出せます。これも教材にしようと思いましたが，雪のない時期の住宅街の写真が必要です。残念ながら，まだ実現していません。

5

どんどん北に行くと，
方位は最後にどうなるの？

　　地図の学習で，方位を学習します。地図の世界では上が北，下が南，右が東で左が西になります。理科で方位磁針の学習もします。その後，この話をすると両者がつながり理解できます。

ネタを活かした授業展開

1.　どんどんと北へ行くことを人形を使って示す

T　皆さんは不思議な力をもった探検家です。海の上でも，高い山でも歩いて行ける探検家です（と言って，黒板に大きな丸，地球を描く。簡単に大陸をかき，日本もかく。そこに探検家の人形を貼る）。

C　そんな探検家はいないよ。

T　今，みんなは日本にいます。さあ，日本を越えて，北を目指してどんどん歩いて行くと，どこに行くか知っていますか？

C　中国。

C　ロシア。

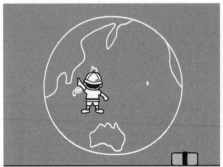
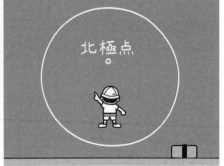

T　そうですね。でも，中国やロシアも越えて行くと，どこに行きますか？

C　海！

C　北極？

T　そうです。ついに，君たち探検家は北極まで来てしまいました。

C　寒いぞー。

C　先生，その人半袖だよ。

T　よく気づいたね（笑）

2. 「北」まで行ってしまうとどうなるかを考える

T　さあ，北極でも，どんどん北を目指して歩いていて，ついに「北の端」の北極点に到着しました（大きな紙に「北」と書き，床に置く）。

T　誰か，探検家になる人はいませんか？　先生が質問します。

C　僕やる。

　　（子どもをその紙の上に立たせる）

T　この時に，南はどこでしょう？

C　えっ！　下かな？

T　では，東はどちらかな？

C　えっ！　こっち？　どっち？

T　西は？

C　どこだろう？

T　正解を言います。北と南があるから，東と西があるのです。北の端に来てしまったので，北がなくなりました。ですから北極点には東と西はありません。つまり，立って向いている，すべての方向が南になります。

補足

　実際には，北極点と磁極の北は少しずれていますが，子どもにわかりやすく説明するためと捉えてください。

6

日本の川は急流ばかり

日本だけで見ていると長いと感じる川ですが，ちょっと見方を変えると，また違った情報が見えてきます。

 ネタを活かした授業展開

1. 世界と日本の長い川をあげていく

T　今日は川の学習です。世界で長い川の名前を言えますか？

C　アマゾン川。

C　ナイル川。

C　ドナウ川は？

T　1番長い川はエジプトのナイル川，次はブラジルのアマゾン川，3位は中国の長江（揚子江），4位はアメリカのミシシッピ川ですね。日本で長い川を言えますか？　教科書か地図帳で探してみましょう。

C　利根川。

C　信濃川も長い。

C　木曽川は？

T　日本で1番長いのは信濃川ですが，このグラフ【主な河川の長さ（国際比較）のグラフ】を見てください。

C　えっ！　信濃川でもこれだけ⁉

C　日本で1番でも，世界で比べるととても短い！

T　そうですね。世界の川は日本の川とは比べものにならないくらい長いのです。いくつもの国をまたいで流れている川もあります。

2. 川の長さと勾配を合わせたグラフを見る

T 川には流れ出す上流があります。ほとんどは山の麓から流れてきます。次のグラフは，山の上流の標高と長さを合わせたグラフです。

C このグラフは，どう見るのですか？

T まず，川が流れる元の高さ，縦軸の標高を見ましょう。

C 日本の川の標高は結構高い。

T それに比べて，川の長さ，横軸を見ましょう。

C とても短い。

T 日本の川は，高い所から流れ出るけど，長さが短いということが，このグラフからわかります。

C 日本の川は傾きが急。まるで滝だよ。

T だから山に大雨が降ると，大量の水がすぐに流れてくるのです。

C それで，被害が大きいんだ。

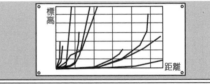

補足

このグラフは実際に山の絵と重ね合わせるとよりわかりやすくなります。

【参考文献・資料】

「主な河川」：総務省『世界の統計』より

https://www.stat.go.jp/data/sekai/0116.html,（参照2021-07-14）

「河川の延長と勾配の比較」：国土交通省関東地方整備局霞ヶ浦導水工事事務所『日本の水資源の特徴』より，（参照2021-07-14）

https://www.ktr.mlit.go.jp/dousui/dousui0006.html

7

産地のヒントは給食室にあり!?

　交通網が発達した現在，食品は日本各地からやって来ます。当然，給食の食材も例外ではありません。産地の学習は，教科書だけでなく実際に見て調べることでも学習できます。

 ネタを活かした授業展開

1.　給食の時間に献立に目を向ける

T　今日の給食はカレーですね。社会で学習した農産物の産地を当ててみようか。まず，入っている食材は何がありますか？

C　お肉。

C　ジャガイモも入ってるね。

C　ニンジン！

C　タマネギ。

C　カレールーも入れないとつくれないよね？

T　それぞれの産地はどこだと思いますか？

C　肉はわからないなあ。

C　ジャガイモは北海道かな。

C　ニンジンは○○県だと思う。

C　タマネギも○○県かな？

C　カレールーは，缶入りのものじゃない？

T　答えは，どうすればわかりますか？

C　給食のおばさんに聞けばいいよ。

T　聞くとご迷惑をかけるから，他に証拠を探す方法はありませんか？

C　食材が入っていたビニール袋を，ゴミ箱から探して持ってくる。

T　学校の給食は量が多いから，ビニール袋ではなくて段ボール箱か缶に入っています。捨ててある場所を知っているから，探しに行きましょう。

C　私行きたい！

C　僕も行きたいです！

T　では，みんなでお昼休みに探しに行きましょう。

2．給食の献立の産地を発表する

T　探してきた産地の証拠を発表してもらいます。

C　ジャガイモの入っていた箱はこれです。○○産でした。

C　ニンジンは○○産でした。ここに書いてあります。

C　タマネギは○○産でした。

C　肉は○○産でした。

C　カレールーの入った缶はありませんでした。それで，給食の調理師さんに聞きました。そしたら，小麦粉を炒めてバターを入れてから，色々なスパイスを入れてルーはつくっていると教えてもらいました。

C　だから，学校のカレーはおいしいんだ。

補足

　この授業の前に，給食室との連携が必要です。調理師さんたちの手の空いた時間を教えてもらい，食材の産地についてのお話や産地のわかる物が置いてある場所などを聞いておきます。

8

野沢菜の生産地はどこ？

「徳島県が野沢菜の生産をしている」という話を聞いて驚きました。野沢菜と言えば長野県。冬には雪深い長野県と暖かい気候の四国の徳島県とが結びつきませんでした。調べてみると，食品には他に技術の向上，生活や輸出入の変化により，今までのイメージとはかなり変わってきたものがあることがわかりました。

1．野沢菜

　上述の通り，野沢菜と言えば長野県と言うイメージがありました。しかし，調べてみると「雪が降る冬の間は産地を変え，その多くが徳島県で栽培収穫されています」（『旬の野菜百科』より引用）ということのようです。

　これは，時期を問わず野沢菜漬けの生産を増やすという方法では，非常に賢明なやり方だと思います。

2．コンニャク

　白いコンニャクと黒いコンニャクがありますが，どうして2つあるのでしょうか。私の住んでいた地方では黒いのが当たり前でした。黒いコンニャクは，生芋からつくるので，ベースが灰色の上に皮が残り，黒いつぶつぶがあるそうです。それに対し，コンニャクイモを製粉化した，コンニャク粉からつくる技術によって，白いコンニャクができたということです。

　現在ではまず製粉化するので，基本は白いコンニャクです。しかし，私もそうですが白いこんにゃくにはなじみがない地域が多いため，こんにゃくメーカーがこんにゃく粉に海藻の粉末で色をつけ，生芋こんにゃくに似せたのがはじまりだと言われています。

3. ○○ひじき

産地の地名を入れて、「○○ひじき」と称されることが多い物ですが、日本国内で流通する食用ひじきの約90パーセントは中国，韓国からの輸入品であると言われています。ひじき加工場を経営している方にお話を聞きしたところ，「韓国から仕入れたひじきのゴミを取り除き洗浄し，『○○ひじき』として販売している」とおっしゃっていました。

4. シシャモ

居酒屋でよく頼む子持ちシシャモですが，ほとんどは本シシャモではありません。本シシャモは，サケと同じように川で産卵する魚です。お腹に卵をいっぱい抱いたししゃもが川に上ってくるところを，河口で捕まえます。現在は北海道の一部でしか獲れません。

北海道以外の市場に出回っているシシャモのほとんどは，カペリン（カラフトシシャモ）といい，ノルウェー，アイスランド，カナダからの輸入です。カペリンは海で産卵して海で育つ魚です。

補足

このような素材は他にもたくさんありますが，それが教材，授業のネタとして使用できるようになるかどうかとは，また別の話です。

【参考文献・資料】

野沢菜／のざわな：『旬の野菜百科』フーズリンクより，（参照2021-07-14）

https://foodslink.jp/syokuzaihyakka/syun/vegitable/nozawana.htm

「黒こんにゃくの"つぶつぶ"の正体は⁉」：ウェザーニュースより

https://weathernews.jp/s/topics/202001/170225/，（参照2021-07-14）

はしもとみつお『築地魚河岸三代目』5巻（小学館）

僕たちはまだ「本物のししゃも」を知らない：メシ通より，（参照2021-07-14）

https://www.hotpepper.jp/mesitsu/entry/noriki-washiya/2019-00082

デコポンという品種はない!?

商品の中には，商品名や販売方法を変えたら大ヒットした例が少なくありません。売り上げを伸ばすための，生産者の工夫について考えたいと思います。

 ネタを活かした授業展開

1. 知っている柑橘類の名前をあげる

T　これは何？

C　ミカン？

C　アルミ缶の上にあるミカン。

T　つまらないダジャレは言わなくてよろしい（笑）

T　これはミカン。ミカンの仲間を柑橘類と言います。聞いたことはありませんか？　知っている柑橘類の名前を教えてください。

C　レモン，夏ミカン。

C　セミノール，デコポン。

C　グレープフルーツ，ハッサク。

C　おんしゅう。

T　おんしゅう？

C　なんか箱に書いてあった。

T　こう書いて（温州）「うんしゅう」と読みます。温州ミカン，これも仲間です。ほかにもダイダイ，ユズ，スダチ，ポンカン，ライムなどがありますね。

2. デコポンの名前の由来を知る

T みんなが言ってくれたのは，柑橘類の種類で「品種」と言います。ところが，この中に正式な品種ではないものがあります。どれでしょう？

C えっ！　どれ？

C デコポンかな？

T どうして？

C なんか，名前が変。

T 正解！　実はデコポンという品種はありません。正式な品種名は，不知火（しらぬい）と言います。名前が「不知火」と「デコポン」どっちが売れると思う？

C 不知火は，かっこいい，鬼滅の刃みたい。

C デコポンの方がかわいく感じたな。

T デコポンは，長崎県で生まれましたが，見た目もあまり良くないため，初めは品種として認められなかったようです。それから約20年ほど経ち，おいしさが認められ，熊本県の不知火町で「不知火」という品種名で栽培されるようになりました。その中でも甘さの基準を満たしたものが「デコポン」と名付けられました。
　　熊本県がつけた名前ってことだから，勝手には使えないんだよ。

C デコポンという名前も，人気が出た理由の1つなんだね。アイデアは大事だ。

補足

【参考文献・資料】

「今が旬のデコポンにも冬の時代があった？　名前の由来と豆知識」：
tenki.jp より，（参照2021-07-14）

https://tenki.jp/suppl/kana/2017/03/11/20801.html

10
サケとサーモンの違いを
考えよう！

　私が子どもの頃は，川魚は生で食べてはいけないと教えられてきました。しかし，今，回転寿司で人気なのはサーモン（サケ）。サケは川にもいます。当初不思議に思いましたが，理由を調べてわかりました。

 ネタを活かした授業展開

1. 好きな寿司ネタを聞く

T　みんなが好きなお寿司のネタは何ですか？

C　絶対トロ！

C　サーモンが好き。

C　エビ。

C　タマゴ。

T　お寿司のネタは，生のお魚が多いですね。実は生の魚を食べるのは日本人くらいだったのですが，日本人がお寿司を世界中に広めたので，今では外国の人も生魚を食べるようになりました。しかし，生で食べてはいけない魚があるのを知っていますか？

C　虫がいるっていうのを聞いたことがある。

T　ブリ，サンマ，イカ，サケ，カレイ，サバには，アニサキスという寄生虫がよくいるのです。

C　気持ち悪い！

C　でも，イカはお寿司にあるよ。

T　お寿司のイカは，生ではありません。湯通ししてあります。だから白いでしょう。

2. サケ（サーモン）が生で食べられる理由を知る

C　先生，サケとサーモンは同じじゃないの？

T　サケを英語で言うとサーモン。同じものです。本来サケは生では食べられません。なぜ今は，お寿司のネタにあるのでしょうか？

C　刺身に薬を撒いて寄生虫を殺してある。

C　水に毒を入れて，寄生虫を殺す。

T　皆さんがお寿司で食べるサケは，ほとんどはノルウェーで厳重に管理された養殖物です。獲ったらすぐに冷凍して寄生虫を殺しています。だから，安心してお寿司でも食べられるのです。先生が子どもの頃は，サケは絶対生で食べてはいけないと言われていたし，親からは川の魚も生で食べてはいけないと教えられていました。

C　そうだったんだ。

T　それで，生でも食べられるのをサーモン，それ以外をサケと表示を分けているみたいです。

補足

【参考文献・資料】

はしもとみつお『築地魚河岸三代目』21巻（小学館）

「アニサキスによる食中毒を予防しましょう」：厚生労働省より

https://www.mhlw.go.jp/stf/seisakunitsuite/bunya/0000042953. html,（参照2021-07-14）

「準備と調理　寿司」：サーモンアカデミー--Seafood from Norway より

https://salmon.fromnorway.com/ja/preparing--cooking/sushi/

（参照2021-07-14）

11

ガソリンはメーカーが違っても中身は同じ!?

不思議ですが，日本製品の品質の高さと販売効率がわかる話です。

 ネタを活かした授業展開

1. 学習課題を確認する

T　今日は，石油の学習をします。日本に輸入された原油は，日本各地にある製油所で原油から石油製品になります。教科書を開けましょう。蒸留塔に入れられた原油は，温度によって分かれます。一番低い温度で出てくるのが LP ガス，それから順番にナフサ・ガソリン，ジェット燃料・灯油，軽油，そして最後に残ったのが重油・アスファルト等になります。

C　「アスファルト」って，道路に使うやつ？

T　そう，工事中を見たことありませんか？　熱いうちは粘り気があります。

C　「ジェット燃料・灯油」って，ほとんど同じなの？

T　そうです。ほとんど同じものです。

C　ジェット機ってガソリンで飛ぶんじゃないんだ。

2. 売っているガソリンについて考える

T　ところで，みんなの家は，どこの会社のガソリンを使っていますか？

C　お母さんは，B 社がサービスいいって言っている。

C　うちのお母さんは，「どうせ同じだから安い方」って言ってる。

T　君のお母さんが正解。中身は実は全く同じものです。

C　どういうことですか？

T　三重県の場合は，四日市コンビナートに S 社の製油所があります。S 社

のタンクローリーは，当然そこにガソリンを取りに行きますが，C社も
D社もE社もそこからガソリンを買います。

C　会社が違うのに，どうしてそんなことをするのですか？

T　日本には製油所が21箇所あります。日本は，製油技術が優れているし，
法律もしっかりしているので，どこの製油所でつくったガソリンでも同
じものができます。S社は製油所が近い四日市にあっていいけど，D社
の製油所は千葉県です。千葉県まで取りに行かなければなりません。S
社とD社は同じ値段で売れますか？（簡単に地図を書いて図示する）

C　D社は千葉県まで行かなければならないと，時間もかかるし，タンクロ
ーリーの燃料代が余分にかかる。

C　運転手さんも大変だ。

T　そういうことで，どの会社もお互いに融通し合って，安く供給できるよ
うにしているのです。同じ地域なら同じガソリンです。

補足

　義父がS社の製油所に勤めていたので，「世間の人が『ガソリンはS社が
性能がいい』とか『E社の方が燃費が伸びる』と話しているのを聞くと笑っ
てしまう」と言っていました。「S社の製油所には，各ブランドのタンクロ
ーリーが並んでいる。四日市近辺のガソリンスタンドの中身は，すべてS社
のガソリンだから同じ」と言っていました。その時に「ハイオクはわからな
い」と言っていましたが，ハイオクも同じ製品ということが発表されていま
す。ただし，系列店でないガソリンスタンドは，その限りではありません。

【参考文献・資料】(いずれも2021-07-14参照)

「ガソリンはブランドによって違いはある？各銘柄の燃費・吹き上がりを
比較」：Ancar Channel より https://www.ancar.jp/channel/23097/

「製油所の所在地と原油処理能力（2020年10月末現在）」：石油連盟より

https://www.paj.gr.jp/statis/statis/data/08/paj-8精製能力一覧
202011.pdf

12

日本はお米を輸入しているの？

> 食生活の変化から消費量は減っているのに，日本は米を輸入しています。余っているのにどうして？という疑問が浮かんできます。

 ネタを活かした授業展開

1.　朝ご飯のメニューを聞く

T　今日の朝ご飯は，何を食べてきましたか？

C　僕は，パンと牛乳。

C　ラーメン。

C　昨日の残りのカレー。

T　今，わかったように，昔に比べてお米の消費量はどんどん減っています。なぜだかわかりますか？

C　お米以外の物もたくさん食べるようになったからかな。

2.　米の輸出入について考える

T　お米が余ってきています。余ったお米はどうしましょうか？

C　飢饉の時のためにとっておく（笑）

T　この時代だから飢饉はないけど，不作の時のためにとっておくのを備蓄と言います。他には？

C　先生，輸出できないの？

T　いいところに目を付けましたね。しかし，日本のお米はおいしいけれど，高いから売るのに苦労します。1kgあたり日本では260円くらいですが，他の国のお米は110円くらいで半額以下です。

C　そんなに日本のお米は高いの！

T　お米は，他にもお味噌やせんべい，あられの原料になります。また，食糧不足で困っている国にお米を渡して援助しています。お米が余っている日本ですが，実はお米の輸入もしています。

C　余っているのに，輸入しているの!?

T　日本は世界中から色々な資源を輸入して，優れた製品にして輸出して儲けています。それを「加工貿易」といいます。車や電気製品，ゲーム機は世界中で売れています。しかし，それらを買ってくれる国の中には，「日本は売りつけるばかりで，自分の国の物は何も買ってくれない」と不満を言う国もあります。でも，その国は農産物の生産国で，買う物がお米しかなかったら仕方ありませんね。

C　そういうことか。その米はどうするの？

T　買ったお米は，安く仕入れられるから，お味噌やせんべいが安くできるし，それに，食糧不足で困っている国にお米をあげることにも回せます。

C　買ったお米を，あげているんだ。

T　無駄にも思えるけど，日本の輸出入全体で考える必要があるのです。

C　日本ばかりが儲けるわけにはいかないからね。

補足

【参考文献・資料】（いずれも2021-07-14参照）

「『米をめぐる関係資料』⑤米の輸出・輸入」：農林水産省より

https://www.maff.go.jp/j/council/seisaku/syokuryo/180727/attach/re_data3_part9.pdf

「お米を輸入するようになった経緯をおしえてください。」：農林水産省より

https://www.maff.go.jp/j/heya/kodomo_sodan/0410/01.html

「どうして，外国から輸入しているお米を備ちくしているのか。」：農業総合研究センター水田農業試験場（山形県）より

http://agrin.jp/hp/q_and_a/yunyu.htm

13

天気予報を活用する
身近なお店を知ろう！

`5年　情報の活用`

> 情報化社会と言われて久しいですが，小学生でもわかりやすい意外なところで情報を活用している例です。

 ネタを活かした授業展開

1. テレビの番組で好きな分野を発表する

T 毎日遅くまでテレビを見ていませんか？　テレビじゃなくてゲームかな。

C 遅くまでテレビも見るし，ゲームもするよ。

T よけいダメじゃないか。

T テレビの番組では，どんな番組を見ますか？

C ドラえもん。

T テレビの番組では『ドラえもん』などは，漫画・アニメと言います。番組にはどんな種類がありますか？

C ニュース。

C スポーツ！

C ドラマとか，バラエティ。

C 天気予報。

T ではそれらの中で，どの番組が一番多いと思いますか？

C ニュースじゃない？

C 天気予報も多いよ。

2. 天気予報が一番多い理由を考える

T これを見てください。新聞のテレビ欄にある天気予報の番組に，マーカ

ーで印を付けました。

C　そんなにあるんだ！

T　どうして，こんなに多いのでしょうか？

C　利用するから。

T　何に？　誰が？

C　お母さんが洗濯物を干す時。

C　学校に行く時に，傘がいるかいらないか。

T　実はそれ以外にも，スーパーマーケットやコンビニも，天気予報を活用
　　していますよ。どうしてでしょうか？
　　例えば，明日，寒くなるとわかったら？

C　あっ！　鍋物が売れる。

C　うどんやラーメンも売れるよ。

T　明日，暑くなるとわかったら？

C　冷たい飲み物が売れそうだ。

C　アイスクリームも買いたくなっちゃうね。

T　そう，売れる物をたくさん仕入れるだけで売り上げが上がります。また，
　　無駄なく仕入れることにより，余る物が減ります。すると，フードロス
　　といって，食品の無駄をなくすことができます。

C　先生，明日雨が降るとわかったら，コンビニは傘をたくさん仕入れると
　　売れるよ。

T　君は，商売したら売り上げがあがりそうだね。

補足

【参考文献・資料】

「スーパーマーケット及びコンビニエンスストア分野における気候リスク
評価に関する調査報告書」：気象庁より，（参照2021-07-14）

https://www.data.jma.go.jp/gmd/risk/pos_chousa.html

第4章

社会の授業で使えるネタ

6年生

教科書にない知識を得るということは，子どもたちにとって強い興味の対象になります。ネタを上手に活用して，子どもたちの知的好奇心を離さない授業にしたいですね。

６年生の社会，歴史学習の進め方

１．政治学習の始まりは，身近な問題から

　６年生といえども，まだまだ政治に関心は薄いもの。直接的な関わりは消費税くらいでしょう。そこで，身近な問題が法律に関わっていることを体験させます。

　子どもたちに，学校生活の中で，変えて欲しいものはないか，こうなった方が良いということを出させます。それは，誰が叶えてくれるのか，変える権利をもっているのはどこか，などを学習していきます。

２．歴史を政治的視点で検証する

　序章「小学校社会の授業の進め方」でも触れましたが，それぞれの時代を学習した後に，その時代の政治の仕組みと現代の政治の仕組みとの比較を行っていきます。また，歴史の学習は，どうしても人物（為政者）中心になっていきますが，視点を変えて，民衆の立場から見ることも意識させます。すると，時代が変わっても民衆の生活や文化にはあまり変化がないこと，華やかな暮らしではないことがわかります。

３．中学校へのつながり

　図らずとも今回小学校の社会は，学習内容としての「中学校へのつながり」が強調されましたが，私はもう１つ中学校へのつながりを意識しています。それは，テスト対策です。

　小学校では，テストがあると言われても，事前にきちんと勉強してくる子どもは，少ないものです。しかし６年生の社会は，事前にきちんとテスト勉強をしてこないと悲惨なことになります（最近のテストは簡単になったので，以前ほどではなくなっていますが）。

　６年生を担任したら，テスト勉強の方法も教える機会をつくっています。

まず，１回目の社会のテストでは，「テスト勉強をしてくるように」とだけ言います。当然，勉強してこなかった子どもは，良い点は取れません。

そして，２回目のテストの前には，テスト勉強の仕方を教えます。

「はい，社会の本を出して，今から先生の読む所に赤い線を引きなさい」

と言って，事前にテストに出る所を調べておいて，出題範囲のほとんどに赤線を引かせます。すると，２回目はそこそこの点が取れます。当然，きちんと勉強してきた子どもは100点です。

「ほら，きちんと勉強してきたら，点は取れるだろう」

こうやってテストの前には，テスト勉強の時間を取ります。大切なことは，３回目から，テストに出る箇所を直接教えるところは減らしていくことです。同時に，学習するコツを教えていきます。例えば，何か歴史的な出来事があった時，名前，内容，関わっていた人物など出題されるパターンがあります。それを子どもたちに質問しながら復習します。

そうやって，「出題を直接教えるところ」と「何が出題されるか考えるところ」の割合比率を変えていきます，前述の通り，２回目は「出題を直接教えるところ」が100％でしたが，「何が出題されるか考えるところ」を増やしていきます。最後に近づくと，「出題を直接教えるところ」が10％になり「何が出題されるか考えるところ」が90％になります。最後のテストは，ヒントは１つも与えません。「明日，社会の○○のテストをするよ」とだけ言います。

もう１つ大切なことがあります。それは，学級通信などで保護者に知らせることです。中学校に進学した保護者からは「小学校の通知表では安心していたけど，中学校になったら思っていたほど良い成績ではなかった」とか「テストで成績の順番が出てくるのでびっくりした」などの声を聞きます。保護者に「中学校のテストは，小学校のような学習では点が取れないこと」「子どもたちは勉強の仕方を知らないこと」「このままでは，中学校の学習についていけないこと」を知らせることができます。また，保護者からは，担任に対して強い信頼を得ることができます。

学校はみんなの希望通りに変えられる!?

　子どもたちに，学校生活で「こうなったらいいな」ということを聞き，政治の学習につなげます。

 ネタを活かした授業展開

1. 体育の時間を増やしてほしいという希望について考える

T　みんなの希望の「体育の授業を増やしてほしい」ことは，できるのでしょうか？

C　校長先生ならできるんじゃない？

C　でも，うちの学校だけ体育を増やすと，他の学校の子どもがいいなあと言うかもしれないから，うちの学校だけ勝手なことはできない気がする。

T　じゃあ，誰ができるの？　大臣？

C　そう，学校の大臣。

T　それを，「文部科学大臣」と言います。

C　そう，その人ならできるんじゃない？

T　残念だけど，教科の時間は「学校教育法」という法律で決まっています。校長先生では変えられません。また，大臣が変えたいと言っても国会の審議を経ないと変えられません。

2. 学校で変えられることを考える

T　では，「給食のメニューに豪華なもの（ステーキ）を入れてほしい」は，学校で変えられるかな？

C　これは大臣じゃなくても，校長先生ならできるんじゃない？

C 給食の先生（栄養教諭）が変えられるよ。だって，給食リクエストとかすると，メニューが変わるよ。

T では，「通知表をなくしてほしい」は，学校で変えられるかな？

C そんなのできないんじゃない？

C これこそ法律できまっているんじゃない？

C 総理大臣ならできる気がする。

T どうして？

C 今日からやめ，なくすぞと言えばいい（笑）

T 実は，法律のどこを探しても，学校で通知表を出しなさいとは書いてありません。

C えっ！　なくせるの？

T そう，これは学校が出しているものなので，出す，出さないは最終的には校長先生が決められます。

C 校長先生になくすように言いに行こうよ！

補足

※給食のメニュー

　これは，地域によって変わります。単独校で調理している場合は，最終的に校長になりますが，市単位でメニューを決めている，給食センターを利用している場合は，最終決定者が変わります。栄養教諭に来てもらって話をしてもらうのも良いでしょう。年間の給食回数は決まっていること，予算の中でやりくりしていかなければならないため高価なメニュー（ステーキなど）は難しいことは告げなくてはなりません。

※通知表

　学校教育法により，指導要録は作成しなければなりませんが（書式については各市町村教育委員会が決定），通知表は公簿ではないので，出す，出さないは学校に委ねられます。しかし，「通知表はなくせるか」などの授業内容については，事前に管理職に相談しておく方が良いでしょう。

3年生

4年生

5年生

6年生

3

古代人の獲物の捕り方を考えよう！

6年　古代

教科書等には，獲物を捕ろうとしている古代人の様子が描かれています。古代人は獲物にどのように近寄ったのでしょうか。古代人は獲物の存在を，まずは目で見て確認したでしょう。子どもは動物も人間と同じで，目から得る情報がほとんどだと考えています。ところが，動物の情報を得る方法は人間とは違います。そこで，それを簡単に再現してその違いに気づかせます。

 ネタを活かした授業展開

1. 古代人の獲物の捕り方を子どもたちに質問する

黒板の真ん中に獲物の絵をかいて（または，教師が獲物のふりをして教室の真ん中に立って），子どもたちに聞きます。

T　君たちは，獲物を捕ろうとしています。先生が獲物の役をします。さあ，どこから近寄りますか？

T　ああ，この草おいしいなあ（草を食べるまね）。

C　獲物の後ろから近寄る。

C　音を立てずに静かに。

T　あっ！　人間がきたぞ。逃げろ（と言って逃げる）！

T　残念，後ろから見えないようにするだけでは，獲物は捕まえられませんでした。みんなだったらすぐに飢えてしまいますね。どうして気づかれたのでしょうか。

（と言います。子どもたちは不思議そうな顔をしますが，中には知って

いる子どももいるでしょう）

C　においかな。

C　近寄るのは風下から？

2. 風下から近寄る理由を考えさせる

「後ろからではなくて，風下から近寄る理由」を問うことで，人間と動物の情報を得る方法の違いに気づかせます。

T　どうして風下から近寄るのかな？

C　犬もそうだけど，動物の目はあまり見えないけど，嗅覚がすごい。

C　他の動物も嗅覚が発達していると聞いたことがある。

T　正解！　そうだね。まず風下から近寄る。動物の中で視力が良いのは鳥くらいで，他の動物の視力はあまりよくない。そのかわりににおい（嗅覚）や聞く力（聴覚）は優れている。だから獲物に近づく時は，まず風下から静かに近寄るんだね。

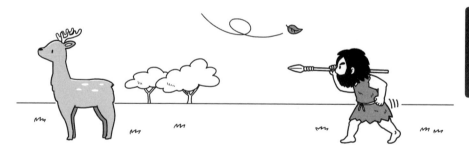

補足

　6年生ともなると，教師が立って授業を行い，子どもたちは座って学ぶという形式が多くなります。そこで，このようにちょっとした劇のような授業形態を取ると，雰囲気が変わって子どもたちものってきます。

石器のすごさを知ろう！

6年　古代

　石器といっても色々ありますが，古代人が石鏃（いしやじり）やナイフ型石器に使用した石は，調べてみると黒曜石やサヌカイト等で，私たちの周りに落ちている石とは全然違います。私自身も黒曜石を長野県で手に入れた時に驚きました。子どもも「石器」という言葉から，そこを勘違いしているようです。ここでは，本物の石器に使用された石の原石とその威力を見せることで，歴史の魅力や人類の知恵に迫ります。

 ネタを活かした授業展開

1.　古代の人が石器に使っていた石を，子どもに見せる

T　これは古代の人たちが，石鏃などの石器をつくるのに使っていた石の元の塊です。こっちが黒曜石，こっちがサヌカイトといいます。回していくから手に取って見てください。黒曜石は手を切るといけないから気をつけること。

C　先生！　これ本当に石？　（黒曜石）

C　透き通っていて，ガラスみたいだよ（黒曜石）。

C　硯石みたいだね（サヌカイト）。

T　みんなが見ているのは，石器になる前の塊。こちらは少し割った破片です。ちょっと紙を切ってみるね。まず，黒曜石で紙を切ります。
　（紙を黒曜石の破片で切ってみる）

C　おおっ！

C　すごい！　ナイフみたい。

T　次はサヌカイト。木を削ってみます（木片をザクザクと削る）。

C 先生，力いる？

T 紙よりはね。

2. 黒曜石が遠く離れた外国でも発見されたことを教え，どうして そこまで運ばれたのかを考える

T みんなだったら，このサヌカイトと黒曜石，どちらがほしい？

C 黒曜石！（圧倒的にこちらが多い）

T この黒曜石は，貴重品でなかなか採れないんだよ。

C そうだろうなあ，この辺りで落ちているのを見たことないよ。

T この日本産の黒曜石は，なんと，朝鮮半島やロシアのウラジオストックでも発見されています。どうして遠い場所で発見されたのでしょう。

C だって，みんなほしいよ。

C 昔の人も「お願いです。これと交換して？」と言ったんじゃない？

T そうやって，次々と渡って行ったのだろうね。当時のことだから，自動車や飛行機などの交通手段はありません。物々交換を幾度となく経て，遠い土地まで運ばれていったのでしょう。

C 先生，どうして日本のものってわかったの？

T 今は機械で石を分析すると，産地や古さもわかるんだよ。

指導のポイント

　本物の威力には絵や写真ではかないません。もちろん，本物がいつも用意できるわけはありませんが，実物大の模型やレプリカでも魅力を伝えることができます。いつも鵜の目鷹の目で，授業に使えるものはないかと探して活用しています。実物は，子どもに見せた時の目の輝きが違います。また，それを見た子どもから色々な発言や質問が出て，思いのほか授業が盛り上がります。

5

貝塚が山の中にある理由を考えてみよう！

6年　古代

　　地図に日本の貝塚の位置をかき込むと，面白いことに気づきます。それは，多くの貝塚は海岸から離れた陸地の中にあるということです。「貝塚」と聞くと「貝」から，「海の近く」を想像しがちですが，東京の大森貝塚を始め，ほとんど陸地の中にあることがわかります。それは，この時代は今より平均気温が高く，海進（※１）が進んでいたからです。そのことから，植物や動物も豊富だったことが想像されます。「貝塚なのに山の中にある」に気づかせると，子どもたちはクイズを解くような興味を示します。

　　なんとなく常識だと思っていたことに，矛盾があることに気づくと，子どもは大変興味を示します。今回は，「『貝』なんだから『海が近い』」という常識が，実は違うというところを教師が衝いていきます。身近な貝塚をかき込んだ地図を見せて質問します。

 ネタを活かした授業展開

1. 貝塚があった場所の違和感に気づかせる

T　貝塚の役割を知っていますか？

C　古代の人が食べた貝殻を捨てた場所。

C　貝の他にゴミも捨てていたんだよね。

T　この地図を見ると，海岸から離れた陸地の中にあります。どうして海岸の近くではなくて，陸地にあるのでしょうか？

C　住んでいる場所の近くにゴミがあると嫌だから，離れた奥地に捨てたんじゃないのかな？

C　貝はゴミだから，山の中に捨てに行ったんだよ。

２．離れた場所に捨てていた理由を考えさせる

　「どうして近くに捨てなかったのか」を問うことで，当時と現在の地形の違いに気づかせます。

T　どうして近くの海に捨てないで，わざわざ遠くまで捨てに行ったの？
C　…
C　ひょっとしたら，その当時は海が近かったんじゃない？
T　どういうことかな？
C　暖かくて，南極の氷が溶けてたから海が近かったとか？
T　その通り。今よりもずっと暖かくて，海が陸地の中まで来ていました。
C　今より温暖化なんだ！
T　だから，動物はたくさんいたし，植物も生い茂っていたと思うよ。潮干狩りというと暖かい季節を思い浮かべるけど，貝塚で見つかった貝は春貝（※2）。海に入るとまだ少し冷たい時期ですが，この時期の貝は，身がふっくらとして肉厚なのです。古代の人たちは美味しいものを知っていたようですね。

【参考文献・資料】
※1　縄文海進：現在に比べて海面が2～3メートル高く「縄文海進」の時期の日本列島は，今よりも数℃以上気温，水温が温暖な時期であったことも推定されています。（日本第四紀学会Q＆Aより）
　http://quaternary.jp/QA/answer/ans010.html，(参照2021-07-14)
※2　貝塚の貝は春貝。春先に集中して採られていたことがわかっています。（横浜市ふるさと歴史財団　埋蔵文化財センター　Q＆Aより）
　http://www.rekihaku.city.yokohama.jp/maibun/qa/detail.php?seq=61，(参照2021-07-14)

6
吉野ヶ里は
古代の村？

　九州に友人と旅行に行く機会がありました。友人は教員ではありませんが，「おもしろいところがあるから，是非行くといい」と言って，吉野ヶ里遺跡をコースに入れてもらいました。

　社会の教科書では「古代の村」として紹介されていますが，実際に吉野ヶ里遺跡を見た感想は，「これは村ではない」というのが実感です。

　村の外側に何十にも巡らされた防護柵，深い堀（当時は水が張ってあったはずです）入り口を入れば尖った棒がこちらを向いていて，今にも突き刺さりそうな感じを与える逆茂木。これだけで背筋がぞくっとします。また，中に入れば，教科書でも有名な見張り櫓。いかに敵の侵入を防ぐ工夫をしていたかがよくわかります。

　別の写真資料から，埋葬された骨には首がないのもあります。また，腰に石鏃の刺さった骨も見つかっています。身近に争いや戦争があった証拠です。「村」と聞くとのどかな雰囲気をイメージしますが，とても平和な雰囲気ではありません。どちらかと言えば「要塞」と言う感じです。

　吉野ヶ里に行ったときの写真，資料，また，手持ちの本から適した資料を探して1つのパワーポイントの教材にし，授業に活用しています。

【参考文献・資料】
佐賀県教育委員会編『環濠集落　吉野ヶ里遺跡　概報』（吉川弘文館）

顔から探る!?
「縄文人，弥生人」

　代表的な古代人の顔の絵では，縄文人の顔は，丸い顔にぐりぐり目，彫りの深い顔，いわゆる濃い顔の特徴がわかり，渡来系弥生人の絵からは，細面で細い目，控えめな顔立ち，いわゆるすっきり顔の弥生人がわかります。多くの子どもは，時代が変わって顔が変わったと思っています。どうして時代が変わると顔が変わったのか聞きます。

C　食べる物が変わったからじゃない。肉からお米（この意見が多い）。

C　生活が狩猟から，農業になって顔が優しくなった（笑）

C　先生，渡来系って書いてあるから，来た人のことじゃない？

　そこで，元々日本にいた人は縄文人で，そこに弥生系の人々がやって来て，混血が進んだと考えられていること，弥生時代にも，縄文系の顔の人たちもいたことを告げます。以下のことは子どもに教える必要はないのですが，「では，どうして渡来系の弥生人が，すんなりと受け入れられたのでしょうか？」という疑問が湧きます。次のような説があります。

・技術を持っていたから，優遇された。

・住んでいるところが水辺だから，縄文系の人たちが主に住んでいた森と生活圏が違うので，ぶつかることはなかった。

　私は，最後に子どもたちにいつもこう言います。「歴史で学んだ，縄文人や弥生人は全く自分とは関係ない古い時代のことと，思っていた人はいないかな？　このように顔を見たって，きちんと歴史は受け継いでいる。先生やみんなの中に生きて伝わっていますよ」

【参考文献・資料】

隈元浩彦『日本人の起源を探る』（新潮 OH！文庫）

池橋　宏『稲作渡来民　「日本人」成立の謎に迫る』（講談社選書メチエ）

「方」の意味を
考えよう！

　古墳を学習すると，古墳の形の名称が必ず出ます。前方後円墳，方墳，円墳。名前と形は関連付けて覚えさせるのではなく「この名前は，こういう形」と丸暗記させているのではないでしょうか。では，ここに出てくる「方」とは，どういう意味でしょう。この「方」という意味がわかると名前と理解がしっかり結びつきます。知識に広がりが出てきます。

 ネタを活かした授業展開

1. 子どもたちに古墳の種類の名前を聞く

T　古墳の種類の名前を言えますか。

C　前方後円墳！

T　これは，どちらから見るのが正しい形ですか？
　　（四角い部分を下にした図Aと，丸い部分を下にした図Bの2つをかく）

C　こちらかな？

C　後ろが円と書いてあるから，丸い方が奥じゃないの？

T　正解は後で解説します。その他に古墳の種類はありますか？

C　方墳。

C　それに円墳。

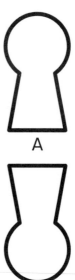

2. 「方」の意味を考える

T 以上の3つの古墳の中で，前方後円墳と方墳は，名前に「方」という字が入っていますが，「方」の意味を知っていますか？

C ……

T 実は「方」には，四角という意味があります。四角い形をした古墳だから「方墳」。前が四角で後ろが円だから「前方後円墳」。英語で言うとkeyhole，鍵穴。英語の方がわかりやすいですね。

C そういう意味だったんだ。

T 算数でも正方形とか長方形を学習しましたよね。2つとも四角の仲間だということです。この場合の「正」は正しいという意味ではありません。また，長い四角だから「長方形」です。これですべて繋がりましたね。

補足

　今の古墳は木が茂っているので，こんもりとした丘という雰囲気ですが，できた当時は全然違います。資料集には，当時の様子がイラストなどで描かれていますが，機会があれば本物を見ることをおすすめします。最近は，建造当時に再現された古墳が全国各地にあります。

例

「上毛野はにわの里公園」：群馬県高崎市

「大塚・大久手古墳群」：愛知県名古屋市

「五色塚古墳」：兵庫県神戸市

「亀塚古墳」など：大分県大分市

【参考文献・資料】

方：❷1. 四角

正：④ととのっているさま。きちんとしているさま。（ともに広辞苑より）

9
どうして名字に
「の」が付くの？

　この時代を学習していると，必ず子どもたちから出てくる疑問があります。それは，「小野妹子とか，藤原鎌足は，どうして名前に『の』がつくの？」というものです。調べてみると，かなり複雑であったり歴史的にも時代によって違いがあったりしますが，ここでは子どもたちにわかりやすいように，簡単に説明しています。

 ネタを活かした授業展開

1. どうして名前に「の」が付くのかを考える

C　先生，小野妹子とかは，どうして名前に「の」が付くの？

C　そう，藤原鎌足とかも。

T　ちょっと難しい話になるけど，考えてみようか。先生の名前を書くよ。
　　（教師の名字と名前を少し離して「楠木　宏」と板書する）

T　わかりやすいように，「楠木」を前半，「宏」を後半と呼びます。さあ，後半の「宏」は名前といいますが，前半の「楠木」は何と言いますか？
　　（「宏」の下に「名前」と書く）

C　名字（苗字）。

C　姓とも言うよね。
　　（それぞれ，「楠木」の下に，「名字」「姓」と書く）

T　氏名とも言うから，氏とも言います（「氏」も板書する）。

2. 「氏名」「姓名」「名字と名前」の違いを知る

T　この中で，本来は「氏」はウジ，「姓」はカバネと読みます。「氏」や

「姓」は，天皇や朝廷などの自分より偉い人がくださったものです。例えば，「たいへん良い働きをしたから今日から『藤原』と名乗りなさい」というように，上の立場の人からもらったのです。名前に「の」が付いているのは，偉い人からもらった証拠です。それに対して「名字」は，自分で勝手に決めて良かったのです。豊臣秀吉は，木下藤吉郎→秀吉→羽柴秀吉→藤原秀吉→豊臣秀吉，と前も後ろも変わっています。

C　名前も変えていいのですか？

T　昔の人は，次々と変えていました。

C　いいなあ。嫌なら変えたらいい。

T　しかし，明治になって戸籍をつくるのに，全員「名字」を付けることになりました。また，名字や名前は，勝手に変えてはいけないという決まりもできました。それで，だんだんとこの３つは区別がなくなり同じになってしまったのです。みんなは「出世魚」って聞いたことありますか？

C　聞いたことある。ワラサとかブリとか。

T　大きくなっていくと名前が変わっていく魚のことです。一番有名なのはブリだね。ツバス→ハマチ→ワラサ→ブリ。その他に，スズキやボラもいるよ。実は「出世魚」の語源は，昔の人が出世すると名前を変えていったことにあるんだよ。

※明治になってから平民も「名字を許す」とされましたが，「氏」や「姓」ではなく，自分から名乗ることのできる「名字」になっています。

補足

【参考文献・資料】

「名字の歴史と由来。自分の名字はいつから始まったのか？」：家樹Media『家系図の森』より

https://ka-ju.co.jp/column/myoji，（参照2021-07-14）

10

租庸調について考えよう！
Part 1

　律令制度における課税を表す「租庸調」といえば、「租はお米，庸は労役または布，調は各地の特産物」と，すぐ出てきます。「租」のお米，「庸」の労役は，わかります。ところが，「調」は各地の特産物と書いてあります。私の住んでいる三重県伊勢市では，どのような特産物が調として納められたか調べてみました。残念ながら他の地方の人には使えないネタですが，このことを参考にして調べてみてください。

 ネタを活かした授業展開

1. 租庸調について，子どもたちに質問する

T　奈良時代の税は「租庸調」と言います。では，「租」とは何ですか？

C　お米を納めること。

T　そうですね。つくったお米を税として朝廷に納めました。それが「租」ですね。では，「庸」とは何ですか？

C　働くこと。

T　例えば？

C　お米をつくる。

C　それは「租」じゃない？

C　会社へ行く？

T　そんなものはありません。教科書で確認してみましょう。

C　教科書には「役所や寺をつくる」と書いてあります。

T　そうですね。土木工事をしたり，物を運んだりしたりして体を使って働くことです。できない時は，お米や布でも良かったそうです。

2. 自分たちが住んでいる地域の「調」について考える

T では,「調」とは何ですか?

C 各地の特産物と書いてあります。

T では, みんなが住んでいる場所からは, 何が納められたのかな? 資料集を見てみましょう。

C アワビの絵がかいてある。どうしてアワビなの?

T その当時, アワビは, 長寿を表すものとして珍重されたので, 伊勢神宮や朝廷に納められました。今もそうですが, 伊勢志摩地方はアワビの産地だったのです。でも, そのまま持って行くと腐るので, 海から取ったアワビを, リンゴの皮をむくようにひも状に切っていきます。そして, それを干して乾かして, まっすぐの棒状にしました。この地方で取れたアワビはこのように加工されて朝廷に納められました。これを「のしアワビ」といいます。また, 縁起がいいと言われたので, 当時の贈り物には, 本物の「のしアワビ」が付いていましたが, 時代を経て, だんだんと簡略化され今の形になったと言われています。これ見たことないかな?

（子どもたちにのし紙を見せる）

C 見たことある!

C その紙, もらい物に付いている。

C お中元やお歳暮にも付いている。

C 「のし」の元は, 伊勢志摩だったんだね。

11

租庸調について考えよう！
Part 2

「調」である伊勢志摩地方の特産物を調べていくうちに，おもしろいことにぶつかりました。奈良の大仏に金メッキを貼った方法です。

 ネタを活かした授業展開

1．伊勢志摩地方の「調」について，さらに子どもたちに質問する

T 「調」は他にありませんか？

C 先生，伊勢じゃないけど，近くの多気町で「水銀」って書いてある。

C 「水銀」は毒って聞いたことある。

T 水銀が採れたのは，「丹生」（にゅう）という場所です。

C 何に使うの？

T 「水銀」とともに，水銀の化合物である「辰砂」も多量に採れました。当時の用途は，「水銀」が貴重な薬品として，「辰砂」は朱の顔料となりました。朱は赤いので，昔の女の人は頬紅や口紅として使いました。

C 「水銀」は薬品？　何に使うの？

T 実は，水銀は東大寺の大仏建立に大きな役割を果たしています。

2．奈良の東大寺の大仏を金色にした方法を知る

T 教科書には，「奈良の大仏は，建立当時は金色であった」と書かれています。銅でつくった大仏様をどうやって金色にしたのでしょう。

C 修学旅行で見たけど，今も金色が残っていたよ。

T できた当時は，全部金ピカでした。

C わかった！　金箔を貼った。

T　金閣寺は金箔ですが，東大寺の大仏は，残念ながら違います。

C　金色を塗った。

T　残念ながら，この当時は，金色のペンキはありません。でも近い。

C　えっ…？

T　少し難しい話だけど，水銀に金を近づけると溶けるように金を吸い込みます。その金を溶かした水銀を大仏に塗って周りから熱すると，水銀が蒸発して金が残るのです。金アマルガムという方法です。だから水銀が大量に必要だったのです（大仏の周りに薪を並べている絵をかく）。火を焚くから，大仏殿ができる前だよ。その後で大仏殿をつくりました。

C　大仏殿をつくってから，火を焚いたら燃えるよ（笑）

T　でも，水銀は猛毒だから，火をつけると大量の水銀蒸気が発生したでしょう。急に風向きが変わったり，逃げ遅れたりしたら水銀中毒者が大量に出てしまったと思います。命がけの作業だったんですよ。

補足

伊勢神宮の「せんぐう館」にも，神宮の宝物の金の貼り方について書いてあります。やはり同じ方法で金アマルガムです。

【参考文献・資料】(いずれも2021-07-14参照)

「奈良の大仏と表面処理」：東京都鍍金工業組合より

http://www.tmk.or.jp/history_06.html

「アマルガム法とは？：鉱石に含まれる金・銀などの金属は，水銀と混ぜ合わせると鉱石から溶け出し，水銀アマルガムをつくる。そのアマルガムを強く熱することで水銀が蒸発して金属だけが残るというアマルガム法は，高度な装置や技術を必要とせず，17世紀以降のアメリカ大陸において用いられていた。有名なところでは，19世紀に起きたカリフォルニアのゴールドラッシュにおいても，このアマルガム法が金の採掘に用いられていた」

（環境省環境保健部水銀対策推進室『不思議な水銀の話』より引用）

www.env.go.jp/chemi/tmms/husigi.html

12

雪舟と鳥山明少年の 逸話

6年　室町時代

　昔，雑誌を読んでいて，『ドラゴンボール』などの漫画で有名な鳥山明さんの小さい時の逸話を見つけました。その時に思いついたのが，水墨画で有名な雪舟の小さい時の逸話です。この２人のお話で共通することは，まさに「栴檀は双葉より芳し」ということです。

 ネタを活かした授業展開

1．雪舟に関するエピソードを話す

T　水墨画で有名な雪舟ですが，小さい時のエピソードを知っていますか？

C　お経をさぼって，和尚さんに叱られた話でしょ。

T　知らない人のために簡単にお話します。

　　（「雪舟，涙で鼠を描く」のエピソードを伝える）

C　間違うくらいだから，とても上手にかかれたネズミだったんだろうね。

C　そんなに上手なら，和尚さんが怒らなくなったというのもわかる気がする。

T　ところが，現在はこのお話はつくり話だと言われています。

C　えっ！　そうなの。

T　あまりにも雪舟の絵が上手だから，後からつくられたお話みたいだよ。でも，よく似たお話が現在もあります。

2．小さい時の鳥山明さんのエピソードを伝える

T　みんなは，漫画家の鳥山明さんを知っていますか？

C　知ってる，知ってる。

C　『ドラゴンボール』をかいた人でしょ。

T　その鳥山明さんが，まだ幼稚園に行くか行かないか，というくらいの小さい時のお話です。

　　お母さんが，明少年を家において，ちょっと出かけました。昔のことで田舎だから，それは危ないことではなかったのです。１人でお留守番をしている時に，知らないおじさんが「おかあさんはいるか？」と訪ねてきました。明さんが「ちょっと近所に出かけていていないよ」と答えると，「そうか，また来る」と言って帰ってしまいました。

　　しばらくしてお母さんが帰ってきたので，明さんは「知らないおじさんが来た」とお母さんに言いました。お母さんが「誰かな？」と言うと，明さんは近くにあった紙にスラスラとそのおじさんの顔をかきました。するとお母さんは「ああ，あの人か！」とわかったそうです。

　　小さい子どもの絵でしたが，上手にその人の特徴を捉えていたそうです。

C　さすがは鳥山明さんだ！

C　雪舟と同じで，天才は小さい時から違うんだね。

補足

　雪舟の有名なエピソードについては，下記の参考文献・資料からご覧いただけます。その他にも，歴史上の偉人については身近な話題と比較したり対比したりして人物像を伝えることで，子どもたちも当時の人々の暮らしなどに思いを馳せやすくなるでしょう。

【参考文献・資料】

「雪舟，涙で鼠を描く」：京都国立博物館 HP より，(参照2021-07-14)

https://www.kyohaku.go.jp/jp/dictio/kaiga/55sesshu.html

13

赤白帽子から源平合戦へ

　これは，有田和正先生の実践をもとにしています。このネタを使った時の子どもたちの意外な顔，盛り上がりが楽しくて印象に残っています。有田先生の実践は，もちろんもっと詳しいのですが，私には，そこまで力がないので，先生には失礼ですが簡単にして活用させていただいています。

 ネタを活かした授業展開

1.　赤白帽子を子どもに見せ，どうして赤白なのかを聞く

　　（事前に，源平の合戦で教科書か資料集の写真に，源氏の白旗，平家の赤旗の写真を見つけておく。おもむろに赤白帽子を持ち出して）

T　突然だけど，どうして赤と白なのか考えたことがありますか？

C　赤と白はおめでたいから。

C　白と黒だとお葬式みたいになって，縁起が悪いから。

T　日本では，昔から2つに別れて競い合う時に，赤チームと白チームに分かれてきました。赤白帽の他に，赤対白で競い合うもの何か思いつきますか？

C　紅白歌合戦。

T　そうですね。紅白歌合戦は，赤対白で競い合っていますね。赤対白は，今日学習するところにもありますよ。

C　えっ！　社会の勉強と関係あるの！

2．教科書や資料集を開けて，赤白に関係あることを探す

T　源平の合戦です。教科書（資料集）の○ページを開けましょう。

C　あっ！　旗が赤と白だ。

C　どっちが赤で，どっちが白なんだろう？

T　源氏が白で平家が赤です。

C　どうしてこの色にしたのかな。

T　では，この色がもつイメージを考えてみましょう。まず赤は？

C　燃える太陽，やるぜ！　という気持ち。

C　戦争だから，血の色。

T　それ縁起がいいとは言いにくいね（笑）

C　でも，元気の色。

T　そんなところでしょうね。では白は？

C　何も色がないから，正直。

C　純真とか，嘘じゃないとか。

T　たぶん，昔の人もそんなイメージを持っていたのでしょうね。あと，この時代は今と違って，布を染める技術や染料といって染める薬もあまりなかったから，他の色は難しかったのでしょう。どうして源氏と平家がこの色にしたのか，詳しいことはわかっていませんが，これ以後，日本では２つに分かれて競い合う時に，赤対白になったと言われています。

補足

【参考文献・資料】

『社会科教育』（明治図書）1994年11月号「現代感覚で解く"歴史人物"資料集」

「赤白帽の起源」：岡山県立図書館電子図書館システム　デジタル岡山大百科　より

http://digioka.libnet.pref.okayama.jp/detail-jp/id/ref/M20210121100090910851,（参照2021-07-14）

14

「一生懸命」と「御恩と奉公」

6年　鎌倉時代

　鎌倉時代の武士と幕府とのつながりは「御恩と奉公」という言葉で表されます。しかし，子どもがその関係性を仕組みとして理解するのは，なかなか難しいようです。ここでは，子どもたちが普段聞き慣れている「一生懸命」という言葉からその関係性を理解させていきます。

 ネタを活かした授業展開

1. 「一生懸命」という言葉を子どもたちに聞く

T　みんなは「一生懸命」という言葉を聞いたことがありますか？

C　あるある。

C　よく使うよ。

T　どんな時に使いますか？

C　運動会で走る時。

C　サッカーの試合の時。

T　そうですね。「一生懸命」の意味を説明できますか。

C　一生懸命にがんばること。

C　それは一生懸命という言葉を使っているよ（笑）

T　その言葉を使わないで他の言葉で言い換えることはできるかな？

C　じゃあ，がんばること。

C　力いっぱい何かをすること。

C　真剣にすること。

C　これ以上ない力を出して取り組むこと。

T　そうですね。本気でとか，真剣にものごとに打ち込むことですね。実は，

「懸命」という言葉には「命」が入っているから「命がけ」という意味があります。皆さんは，命をかけていますか。

C　えっ！　命まではかけてないよ。

2. 「一生懸命」の語源を教える

T　「一生懸命」という言葉は，元々は「一所懸命」という言葉です。将軍は，御家人には領地を与え，手柄を立てればさらに新しい領地も加えました。これを「御恩」と言います。そのかわりに，御家人は戦いが起こると仲間を率いて将軍のもとに駆けつけ，命がけで働きました。これを「奉公」と言います（図説する）。

C　持ちつ持たれつだね。

T　だから元々は，将軍様からもらった領地（一所）を命がけで守る（懸命）ということから「一所懸命」という言葉ができました。

　　しかし，時代を経るうちに「一所懸命」が「一生懸命」に変わっていきました。

C　先生，どうして「一所懸命」が「一生懸命」に変わっていったの？

T　詳しい理由はわかってないけど，「一生懸命」の方が言いやすかったのじゃないかな。「一所懸命」と同じような意味で，他にも「いざ鎌倉」という言葉があります。

C　それはどういう意味ですか？

T　将軍に何かあったら，すぐに鎌倉に駆けつけて助けますという意味です。それから「大事件が起こった」という意味にも使います。

補足

【参考文献・資料】

「一所懸命」「いざ鎌倉」広辞苑より

15 足軽はどうして大きな旗を背負っているのかな？

6年 戦国時代

　戦国時代のテレビ番組や映画を見ると，足軽が大きな旗を背負っているシーンがあります。「風林火山」は特に有名です。どうしてこんな大きな旗を背負っていたのでしょう。旗を実際に見せると，背負って戦うと大変動きにくくて不利だとわかります。この旗を持ち込むだけで子どもは興味津々，気持ちは戦国時代，すぐに授業モードに入れます（私は，実際に風林火山の旗を持って，授業にのぞみます）。

 ネタを活かした授業展開

1. 風林火山の旗を子どもたちに見せる

C　先生，何なの？

T　この旗，見たことありますか？

C　知ってる。風林火山でしょう。武田信玄の旗。

　　（クラスに1人くらいは歴史好きがいて，必ず知っている）

C　この漢字は，どういう意味なの？

T　この旗に書いてあるのは・・・（意味を説明する）

T　戦いの時に，足軽はこの旗を背負って戦いました。こんな大きな旗は不利じゃない？　どうして背負っていたと思う？

C　相手を驚かせる！

C　少しでもたくさんの人数がいるように見せる。

C　目印になるんじゃない？

T　何の？

C　おれたちはここにいるぞ，みたいな。

2．旗についての説明を聞き，役割を考える

T　教科書（または資料集）にある長篠合戦図屏風を開けましょう。ここにもたくさんかかれています。これは旗指物（はたさしもの）と言います。昔はスマホなんてないから，一度，戦になれば味方同士でもなかなか連絡が取れません。旗は戦いの時，敵味方の目印になりました。また，山の上などの高い場所から見ると，右側が押されて負けているなどの様子がよくわかりました。その役目を軍目付（いくさめつけ）といいます。山の上にいる人がいませんか。その人が，右に援軍が必要だとか，敵を左側から突破したから，みんな左側から攻めろという命令を出しました。

C　誰が連絡をするの？

T　伝令と言って，走って伝える役目の人がいました。

C　でも，その旗に強い風が吹くと煽られて，おっとっとってならないの？

T　相手も背負っているからお互い様だよ。

補足

【参考文献・資料】

『社会科教育』（明治図書）1994年11月号　「現代感覚で解く"歴史人物"資料集」

有田和正『「追求の鬼」を育てる有田和正著作集』（明治図書）

村上浩一「Ⅰ．解読型歴史授業の提案」

16

刀狩りは何度も行われた？

　「鉄砲・刀狩り令」を，私はたった1回の「鉄砲・刀狩り令」で，日本中の百姓が一斉に武士に対して鉄砲や刀を差し出したように授業していました。しかし，最近では，「鉄砲・刀狩り令は1回ではなかった」という研究が発表されています。この理由は，子どもたち相手に授業するとよくわかります。

 ネタを活かした授業展開

1. 「鉄砲・刀狩り令」が出たら，百姓はどうするか考える

　（この授業の前に，当時の百姓は，合戦後に甲冑，刀，やりなどを拾いに行ったり自衛のために市で買ったりして，武器を持っているのは当たり前という話をしておきます）

T　みんなが百姓なら，「鉄砲・刀狩り令」が出たらどうしますか？

C　おれは出さない。持ってないふりをする。だって，高い値で売れる。

C　僕は，1つだけ出して全部出さない。残しておく。一揆の時に使える。

C　私は全部出す。隠しているのが武士に見つかったら恐い。

C　僕は，みんなの様子を見る。

　この時におもしろいのは，その子どもの性格が反映されている点です。大人しい子どもは多く出すと言い，元気な子どもは，そんなことは言いません。

　これは，その当時の百姓も同じ考えだと思います。隠したら見つからないからと考える者，一揆の時に使えると考える者，隠しておくけど見つかったらひどい目にあわされるのではないかと考える者，いろいろいたと思います。

2. 立場を変えて考えてみる

T そうですね。すぐにはなかなか全部出さなかったでしょうね。では，みんなが武士だったらどうしますか？

C 家中全部調べる。

C 黙って行って，急に抜き打ちで調べる。

T じゃあ，武士が急に探しに来たらどうする？

C 家じゃない場所に隠す。

T そう，百姓と武士は，いたちごっこだったのです。だから，「鉄砲・刀狩り令」の通達は江戸時代になってからも何回も出ています。しかも，しぶしぶ刀は出しても，鉄砲はなかなか出しませんでした。どうしてだと思いますか？

C 鉄砲の方が高い。

C 鉄砲の方が強力。

C 鉄砲は戦いだけでなく，猪や熊も撃てる。

C 鳥を撃ち落とすのにも使える。

T そうですね。鉄砲は戦いだけでなく，猟にも使えます。特に飛ぶ鳥を撃つのにはとても便利です。だから百姓はなかなか出しません。では，武士はどうしたのでしょう。実は，武士は最後にこう言います。「仕方がない。鉄砲を持っていると正直に言った者には所持を認める」

C 正直に言った者は許してもらえるの!?　なんか，先生みたい（笑）

T この後，正直に言った者は，鉄砲の所持を認められたそうです。ただし，幕府は帳簿をつくって名前を記録したそうです。これでも名乗り出なかった者には，見つけたらさすがに厳しく処分して，島流しにあった者もいたという話です。登録された鉄砲は，日本中で合計すると，武士の持っている鉄砲を上回ったと言われています。

C 先生，それなら百姓は，なんで一揆を起こして武士を倒さなかったの？

※別展開

（2つに割った割り箸，半数はそのままで半数は黒く塗る。それか，色の違う棒を2種類用意する。棒は各色，人数分以上用意する）

T　ここに用意したのは，刀と鉄砲です。色の塗ってないのが刀，色の塗ってあるのが鉄砲とします。みんなはお百姓です。先生は反対を向きますから，この刀と鉄砲を持っていって自由に分けてください。

C　先生は，誰がいくつ持っているか分からないということ？

T　そうです。先生は，誰がいくつ持っているか知りません。

（と言って，教師は後ろを向く。子どもたちは，箸の刀や鉄砲を分ける。分け終わったら，子どもたちの方を向く）

T　これ百姓ども，もう戦の世は終わった。武器は要らぬ。今から，お前達の持っている刀や鉄砲を集める。お前達が出した刀や鉄砲などの武器は，溶かして仏像になる。正直に出した者は，成仏して天国に行けるぞ。

（教師は，子どもたちの間を回って，刀や鉄砲を集める）

T　もうこれだけか？　正直に全部出したであろうな！

（本当に出したか確認後，どうして出さなかったか話し合う）

補足

【参考文献・資料】

磯田道史『昔も今も』（朝日新聞土曜日版コラム，平成20年1月26日～2月16日）

武井弘一『鉄砲を手放さなかった百姓たち』（朝日新聞出版）

17
現在の馬と昔の馬の違いとは

6年　鎌倉〜戦国時代（コラム）

　馬を使った戦法といえば，源義経の鵯越えの逆落としがまず浮かびます。その他にも，武田の騎馬隊があります。時代劇や映画の影響で，この戦いに出てくる馬というと，背が高くて脚がすらっと長い馬を思い浮かべます。いわゆるサラブレッドという系種になると思います。ところが，このサラブレッド系種が日本に入ってきたのは，明治以後です。では，それまで日本にいた馬というのはどういう種類でしょうか。

　日本の在来種は，サラブレッドと比べるとはるかに小さい馬です。サラブレッドの体高（肩までの高さ）が160〜170cm あるのに比べて，日本の在来種は，大きくても120〜130cm しかありません。今ならいわゆるポニーに分類されるくらいです。そうするとイメージが，かなり変わってきます。

　今までだと，大きな馬に乗った武士が，パカッ，パカッと駆けてくる，というイメージでしたが，ポニーに乗った武士を想像すると，ちょっとイメージが変わってきます。子どもたちにこの話をすると，「なんかカッコ悪いなぁ」とか「イメージが崩れる」と言います。

　義経の鵯越えの戦いでは，サラブレッドならほとんど脚を折ってしまうかもしれませんが，脚の短い古代の在来種だからできたのかと納得しました。

　ところが，教科書などに出てくる絵を見ても，人間に比較してそんなに馬が小さいとは感じませんよね。実はそれは，当時の日本人も小さかったからなのです。

【参考文献・資料】

「日本人の平均身長，平均体重の推移」：社会実情データ図録より
http://honkawa2.sakura.ne.jp/2182a.html，（参照2021-07-14）

18

「くだらない」の語源って？

「一生懸命」のように，普段何気なく使っている言葉の語源を知ると，歴史と繋がっていることがよくあります。「くだらない」この言葉の意味を知ると，言葉が生まれた歴史的な背景や当時の江戸に住んでいた人たちの気持ち，様子が浮かんでくるから不思議です。

 ネタを活かした授業展開

1. 子どもに「くだらないもの」の言葉の意味を聞く

T みなさんは「くだらないもの」という言葉を，どんな時に使いますか。

C つまらない物をもらった時。

C 値打ちのない物。

T そうですね。「くだらないもの」とは，つまらないとか，良くないという意味ですよね。では，この「くだらないもの」の反対は，何という言葉になると思いますか？

C くだるもの？

C お腹こわしたみたい（笑）

T 昔は，「くだらないもの」の反対は「おくだりもの」と言っていました。意味は良い物，値打ちのある物ということです。

2. 言葉が生まれた背景について考える

T 新しい幕府を開いた徳川家康でしたが，どうして江戸にしたのでしたか？

C 家康は，豊臣秀吉に命令されて関東（江戸）の地に追いやられたから。

T　そうでしたね。家康についていった領民は，元々は愛知県。当時の大都市，京都に近い場所に住んでいました。ところが，当時の関東は未開の地。すごい田舎だったのです。家康について行った農民は必死に開墾しましたが，夜になると町中でもイノシシが闊歩すると言われていました。江戸に行った領民は，どう思ったでしょうね。

C　ここは，ど田舎だ。

C　あー，京都や大阪が懐かしい（笑）

T　そこで，京都や大阪の物やお土産をもらうと「おくだりもの」と言って重宝しました。
　　電車に乗る時，「上り・下り」という言葉を聞いたことがありますか？

C　伊勢市から，名古屋や大阪に行くのを上り。

T　そこから先は？

C　東京に行くのを上り。

C　東京や大都市から来るのが下り。

T　昔の京・大坂は大都市。今と反対で，京・大阪に行くことが上り，京・大阪から帰ってくるのが下りでした。ですから京・大阪の物は流行りであったり，高級品であったりするので「おくだりもの」と言って大切にしました。だから，その反対のものを「おくだりものじゃないから『くだらない』と言った」と言われています。

補足

【参考文献・資料】

「ためになる"くだらない"お話」：菊正宗ネットショップより

https://www.kikumasamune.shop/blog/?p=256,　（参照2021-07-14）

19

大名行列の
実態を知ろう！

徳川家の大名支配の一環として，大名行列を学習します。大名が自分の国を自慢するための，豪華な大名行列の様子が教科書の挿絵に表されています。百万石と言われた加賀家の様子が教科書に載っていることが多いようです。しかし，時代を経るにつれて大名はどんどんお金がなくなっていくはずです。その時には大名たちはどうしたのでしょうか？

 ## ネタを活かした授業展開

1. 大名行列がいくらかかるか計算してみる

T　幕府は，江戸との大名行列で諸藩を疲弊させようとしました。では，加賀藩の大名行列には費用がどれくらいかかるのか計算してみましょう。加賀から江戸まで，1人1泊1万円として3,000人。歩いて15日かかるとして計算しましょう。

C　1万円×3,000×15＝4億5000万円！

T　そうだね。その他のお金を合わせると，5億円ほどになります。これは片道だから往復すると10億円だね。

C　そんなにかかるの！

2. 参勤交代の費用を減らす方法を考える

T　江戸時代の初めの頃はよかったけれど，時代が進むと大名はどんどんお金がなくなっていきました。みんなが殿様だとして，大名行列をもっとお金のかからないようにする方法はないかな？

C　人数を減らす。

T よし，全体で10人にしよう！

C えっ！　それは少ないよ。

C 他の大名に馬鹿にされる。

T じゃあ，どのくらい？

C 加賀藩の場合，3,000人でしょう。まず2,000人に。

T そうだね。まず，人数を減らす方法があるね。するといくらになる？

C 1万円×2,000×15＝3億円。かなり安くなった。

T ところが，もっともっとお金がなくなってきた。どうする？

C もっと，人数を減らす。

T じゃあ，1,000人に。

C 1万円×1,000×15＝1億5千万円。

T 他に方法はないかな？

C 先生，急いで行ったら，日数を減らせるよ。

T そうだね，実際に朝早く出て大急ぎで行ったそうです。お金がなくなってきた大名たちは，人数を減らし，大急ぎで江戸まで行きます。昔の人というと，新しい技術や知識をもっているわけでもなく，現代人より劣っていたように考えがちです。でも，悩んだり工夫したりするのは，今の私たちと同じなのです。

補足

　よくテレビや映画で「下に〜下に〜」とゆっくり歩いている様子が映りますが，あれは，地元を出発する時や宿場町に入る時だけで，後は三々五々行ったそうです。また，子どもたちの意見からは出ませんでしたが，大名家が宿泊代を値切ったこともあったそうです。

【参考文献・資料】

安藤優一郎『大名行列の秘密』（NHK出版）

20 大きな川は どうやって渡っていたの？

徳川家が行った大名統制の1つに「大きな川に橋をかけてはいけない」というのがあります。これは，地方の大名が反旗を翻した時に，すぐに江戸に来られないようにするためというのはご存知だと思います。これは授業でも「なるほど！」ですみます。では，当時の人々はどうやって川を渡ったのでしょうか。

 ネタを活かした授業展開

1. 「大きな川に橋をかけてはいけない」理由を考える

T　徳川幕府は「大きな川に橋をかけてはいけない」と決めましたが，どうしてこのような決まりをつくったのでしょうか？

C　他の大名が急に攻めて来ないように。

T　この決まりで得するのは誰でしょうか？

C　徳川家，徳川幕府。

T　では，損をしたり，困ったりするのは誰でしょうか？

C　旅人や川を渡りたい人。

T　その人たちは，どうやって大きな川を渡ったのでしょうか？

C　船，渡し船を使う。

T　他にはないのかな？

C　泳いで渡る。

T　泳いで渡ったら，着物はずぶぬれになるし，荷物も水に濡れるよ（笑）

C　御神輿みたいなのは？

　ここで，水が少ない時は，着物を脱いで頭の上に載せて自分でも渡れるこ

とや，肩車で渡してもらう，馬に乗せてもらう方法があることを説明します。

　出そろったところで，荷物を頭の上に載せて自分で歩いて渡る，肩車，船，馬，御輿（蓮台）を簡単な絵にして，お金のかかる順番に並べます（有名な静岡県の大井川の場合は，船は禁止されていたし，水の量によって渡河の値段が変わっていました）。

2. 大雨が降り止まず，水が多くて通れない時のことを考える

T　では，大雨が降って，水がとても多かったらどうするのかな。

C　水が減るのを待つしかない。

T　どこで？

C　宿屋？

T　大雨が降って困るのは旅人。大雨が降って喜ぶのは？　儲かるのは？

C　宿屋の主人。

　ここで，大きな川の近くには宿屋がたくさんあったこと，川渡しの人足がたくさんいたことで町が発展し，人も多かったことを説明します。このことが，後に静岡のお茶栽培につながります（p.148に続く）。

補足

　この決まりで，明治維新の時に官軍の進撃を少しは止められたのかというと，色々調べましたが，残念ながらそういった事実は見つけられませんでした。官軍は事前に船などを徴収して，渡河に備えたと考えられます。大井川の場合は，命令して仮橋をつくらせたそうです。江戸幕府の「大きな川に橋をかけてはいけない」決まりは，結果的に役に立たなかったのです。

【参考文献・資料】

　島田市史資料編等編さん委員会『大井川の川越し』（島田市教育委員会）

　安藤優一郎『大名行列の秘密』（NHK 出版）

3年生

4年生

5年生

6年生

21

越後屋
「現金掛け値なし」とは？

6年　江戸時代

> 江戸時代の豪商，呉服屋の越後屋（三井家）の話といえば，「現金掛け値なし」というのが出てきます。これは，どういう意味でしょうか。

 ## ネタを活かした授業展開

1.　越後屋（三井家）の「現金掛け値なし」について考える

T　呉服屋商の越後屋は，当時としては画期的な売り方で大繁盛しました。その売り方を知っていますか？

C　「現金掛け値なし」と聞いたことがあります。

T　そうですね。では，この「現金掛け値なし」というのは，どういう意味でしょうか？　この当時は，布を家で仕立てて着物をつくるのが当たり前だから，現在の様に店でできあがった着物を売っているわけではありません。お店で売っているのは，布だけです。

C　「現金で売る」のはわかるけど……

C　「掛け値」って何ですか。

T　越後屋が行った売り方を現代風に言うなら，布を「現金で売る」「正札がついている」「10cmからでも売る」ということです。

C　そんなの当たり前だよね。

2.　当時の売り方について考える

T　そう，今の時代では当たり前。でも，この時代では画期的なことだったので流行ったのです。では，この時代の普通の売り方は何でしょうか？

C　お金を持っていって，物を買うんじゃないの？

T この方法の反対を考えたらいいよ。「現金で売る」の反対は？

C 現金で売らない，ただ。

T お店がつぶれる（笑）

C カード，商品券？

T 江戸時代に，そんなものありません！　でも，カードは半分あたり。

C えっ！

T この時代は，人の出入りが厳しく制限されていたから，知らない人がお店に買いに来ることはまずありません。お客さんが，どこの誰ということをお店側は知っています。ですから，いつ誰が何をいくらで買ったかを記録しておいて，年末になったら「今年買った金額はこれだけですよ」とお金を取りに行くのが普通の売り方。それを「掛け売り」といいます。

C 先生，お客が年末までに逃げていったら，どうやってお金を取るの。

T 行方がわからなかったら諦めるしかないけど，現在と違って，住んでいる場所を離れると生きていくのは難しい。ただ，集金は大晦日の日と決まっていたみたいだから，どうしてもお金がない時は居留守を使ったり，町のどこかに隠れたりして，借金取りから逃げた人もいたみたいだよ。

T では，「正札がついている」の反対は？

C 正札がない。

T それでは，値段がわからないよね。でも，正解。

C えっ！

T 買う人は，どうするのでしょう。

C いちいち値段を聞く？

C めんどうじゃないの？

T そうです。お客さんは「これはいくらですか？」といちいち値段を聞きました。実は，客に値段がわからない方が，お店にとって都合の良いことがありました。何だと思う？

C 値段をごまかせる。

T 正解！

C　えっ！

T　この時代，店員さんは，お客さんを見て，お金持ちだったら高い値段を言う。そうじゃない人には，買えそうな値段を言う。「あ〜ら，奥様，お目が高い。この反物は高級なのです」というようにね。

C　貧乏な人には？

T　ええ，いくら持ってるの。この値段なら買える？（面倒くさそうに）

C　すごい差！

C　人によって値段が違うってこと？

T　そう，これを「掛け値」と言います。

C　お客がまけてくれと言ったら。

T　そこは，まけたりまけなかったりすることがあるでしょうね。

C　同じ布を買った人が，後で値段が違うことを知ったら怒ってこないの。

T　この時代の布は機械で織るんじゃなくて，すべて手作業で織るから全く同じ物はまず2つとありません。だから，いくらでもごまかせるよ。

T　さあ，最後の10cmからでも売るの反対は？

C　1m以上でないと売らないの？

T　この時代の布は反物といって，着物1人分の長さを丸く巻いて売っていた。1人分でないと売らなかったということ（絵図する）。

C　じゃあ，ある人が10cmだけ買って，残りはどうするの？

T　残りは残りで売ったのだろうね。このように，今では当たり前になっている売り方を始めたのが越後屋。だから，繁盛したんだよ。

補足

【参考文献・資料】

三井文庫『史料が語る　三井のあゆみ：越後屋から三井財閥』（三井文庫）

「越後屋誕生と高利の新商法」：三井広報委員会より

https://www.mitsuipr.com/history/edo/02/，（参照2021-07-14）

22
江戸時代の
花火は色が少ない!?

江戸時代（コラム）

　時代劇を見ていると，町人や侍が夜空の色とりどりの花火を見て「たまや〜」「かぎや〜」と声をあげている光景をみることがあります。

　ところが，この時代の花火は今のようなフルカラーではありませんでした。黒色火薬（硝石75％，硫黄15％，木炭10％）ですから，色はせいぜい赤橙色。当時の浮世絵を見ても，確かに赤，黄色，白程度です。緑や青はありません。花火の大きさやバリエーションも今ほどなかったはずです。

　では，色がついたのはいつごろでしょうか。「炎色反応」という言葉を聞いたことはありませんか。高校の化学で習いませんでしたか。炎に色をつけるのに薬品がいります。その薬品が入ってきたのは明治になってから。ですから，花火にきれいな色が着き始めたのは明治以降なのです。

【参考文献・資料】
「江戸の歳時記｜8月　江戸の花火」：東都のれん会より，（参照2021-07-14）
https://www.norenkai.net/ 江戸の歳時記｜8月−江戸の花火 /

23
おせち料理から漁業について
考えてみよう！

6年　江戸時代

江戸時代の産業，特に漁業を学習する時に，おせち料理が使えます。おせち料理に入っている物には，意味があります。エビ＝腰が曲がるまで長生きなどです。ただ，中には意味のわかりにくい食材があります。それらが江戸時代の漁業につながるという驚きがあります。

 ネタを活かした授業展開

1. おせち料理に入っている物を発表する

T　ちょっと時期的には早いけれど，おせち料理を知っていますか？
　　どんな物が入っているか，発表してもらいましょう。

C　エビ。

C　たまご。

C　レンコン。

C　黒豆。

C　なんだけっけ，小さい魚がたくさんあるやつ。

T　ああ，たつくりというんだよ。
　　（教師は子どもたちが発表していくのを次々と板書していきます。この時，後から書き込めるように横を空けておきます。たつくりは平仮名で書きます）

T　では，それを入れる理由を知っていますか。

C　エビは腰が曲がるまで長生きできるようにと，聞いたことがあります。

C　レンコンは先が見えるように。

C　かまぼこは紅白でおめでたい。

（先ほどの発表された言葉の横に，由来を書いていきますが，ここでも「たつくり」の由来はなかなか出てきません）

T　では「たつくり」を漢字で書いてみましょう。

C　竜栗？　立つ栗？

T　正解は「田作り」です。

2. 田作りの名前の由来を知る

T　どうしてこの漢字を使うのでしょう。では，教科書を開けます。
　　（学習する江戸時代の産業のところを開けます。そこには，漁具の発達で漁獲量が上がったことが書かれています）

T　漁具の発達で漁獲量があがりました。しかし，この時代はまだまだ沿岸漁業です。その中でも，カタクチイワシがたくさん獲れました。イワシはどうやって食べますか。

C　焼き魚。

C　干物，メザシ。

T　他には。

C　刺身？

T　それでも余るくらい獲れました。そこで，獲ったイワシを腐らせて肥料にしました。それを田に入れたら，それまでより稲の収穫量がたいへん増えました。そこから，獲れたカタクチイワシの幼魚を乾燥したものでつくったお正月料理を「田作り」と言うようになりました。

C　先生，それが言いたくて，おせち料理の勉強したわけ？

T　まあね。

補足

【参考文献・資料】(参照2021-07-14)

「大丸・松坂屋のおせち　田作り」:大丸松坂屋オンラインショッピングより
https://www.daimaru-matsuzakaya.jp/osechi/chishiki2

3年生

4年生

5年生

6年生

24

江戸時代の人は どうやって火を消していたの？

6年　江戸時代

火事で火を消すというと，子どもたちは当然のように「水をかける」と思っています。ところが，そうではありません。意外な火の消し方に，子どもたちは驚き，疑問を出します。

 ネタを活かした授業展開

1. 江戸時代に火事が多かった理由を考える

T 「火事と喧嘩は江戸の花」と言われるくらい，江戸時代は火事が多かったのですが，どうして火事が多かったのでしょうか？

C 家が木でできていたから。

C 家の中での煮炊きに，火を使っていたから。

T 家は木でできているし，障子などは紙だからね。

C 家は木と紙でできていたら，よく燃えるよ。

T そこで，徳川吉宗は，町人の消防組織である町火消の制度化を行いました。町火消しだから，火事の時に火を消すのだけれど，どうやって消したと思いますか？

C 水をかける。

C バケツで水をかける。

T 確かに火に水をかけると消えるけれども，この時代は水道なんてありません。井戸では間に合わないし，溜めてあった水ではすぐになくなる。文字通り「焼け石に水」程度の水しかありませんでした。

C 壊して消すと聞いたことがある。

C どうして壊すと消えるの？

2. 家を壊して鎮火する理由を知る

T この時代は，水で消すことはできないから建物を壊して鎮火しました。次々と燃え広がるのを防ぐしかないんだよ（以下，図を書きながら説明する）。風の弱い時は，その周りの家を。風の強い時は，風下の家を先に壊して隙間を開けておく。そうすると燃え広がらないんだ。

C 家は，そんなに簡単に壊れるの？

T 今の家よりもっと簡単なつくりだったし，みんなで力を合わせて引き倒したようです。絵を見てごらん。消す道具じゃなくて，壊す道具です。

C 本当だ！

C 壊された家の人は怒らなかったの？

T それどころじゃなかったからね。

C もっと風が強かったら？

T 壊す速さより，燃え広がる方が早いから大火事になりました。

C 中の道具は，どうしたの？

T 火事になると，「ジャン，ジャン」と半鐘が鳴るから，みんな急いで道具を持って逃げたんだ。今と違って，そんなに家財などの財産はなかっただろうしね。

C 火消衆は怖くなかったのかな。

T だから，火に立ち向かっていく火消は，町のヒーローでよくモテたらしいですよ。

補足

【参考文献・資料】

「江戸の大火と，水を使わない消火・防災都市づくりの歴史」：LIFULL HOME'S PRESS より　https://www.homes.co.jp/cont/press/buy/buy_00610/,　(参照2021-07-14)

25 うぐいす張りってどういう意味?

修学旅行でよく訪れる二条城。ここで有名なのは,「うぐいす張り」。でも,目的や名前の由来の,最新情報を知る人は少ないはずです。

 ネタを活かした授業展開

1. うぐいす張りについて話し合う

T 修学旅行で訪れた二条城の「うぐいす張り」は,わかりましたか?

C わかったよ。

C 歩くとキュキュと音が鳴った。

T 先生は,この「うぐいす張り」には嫌な思い出があります。

C 何,それ(笑)

T 先生が小学校の時,修学旅行から帰ったら,お父さんに「二条城に『うぐいす張り』があったか?」と聞かれて,「そんなものなかった。ただ古くて廊下がキュキュッと鳴った」と答えたら,お父さんは「それが『うぐいす張りだ』」と言って笑われたんです。

C 先生,知らなかったの?

T 知っていたけど「うぐいす張り」と言うから,廊下を1歩踏むと「ホーホケキョ」,1歩踏むと「ホーホケキョ」と鳴ると思っていたんです。

C そんなのおかしいよ(笑)

2. うぐいす張りの目的や名前の由来を知る

T みんなは笑ったね。では,キュキュとしか鳴らないのに,どうして「うぐいす張り」というのか説明できる人いますか?

C　……

T　ウグイスは初めから「ホーホケキョ」と鳴ける訳ではありません。先生のお隣の家には立派な庭があります。ある年のまだ寒い頃にウグイスがやってきました。ウグイスは初めの頃は，下手くそで「ケキョケキョ」としか鳴けません。しばらく経つと「ホーケキョ」と鳴けるようになりました。そして，最後にやっと「ホーホケキョ」と鳴けるようになりました。先生は，下手な鳴き声が由来じゃないかと思っています。ところで，なんのために「うぐいす張り」があるのか知っていますか？

C　音がするから，泥棒よけとか，忍者が来てもわかる。

T　では，みんなが忍者だとしたら，廊下のどこを通りますか？

C　う〜ん，廊下の端を通る…

T　忍者や泥棒が忍び込んだ時，堂々と廊下の真ん中を歩きますか？

C　歩かないね。体を横にして端を静かに歩く。

T　廊下の端を歩くと，「うぐいす張り」は鳴りません。では，何のためにあるのでしょうか？　最新の説では，「二条城には，大名などの偉いお客さんがたくさん来ました。閉められた襖の後ろにいた家来が，音を聞いて『お客さんがそろそろ来るぞ，お辞儀の準備しなくちゃ』と用意するためではないか」と言われています。

補足

【参考文献・資料】

　フジテレビ『新説！所JAPAN』（2020年２月３日22：16−22：18放送）

　「二条城の廊下は踏むと音がする鶯張りになっている。通説では侵入者を報せるための警報装置と言われているが，磯田先生は『泥棒や忍者は端を歩くので音がしない。大名とかが入ってきた時にそろそろ来るっていうお辞儀とかのための予告音』という説を披露した」

　「テレビ出た蔵」：https://datazoo.jp/n/ 磯田解説＋うぐいす張りは忍者対策じゃない？/16891022　より引用，(参照2021-07-14)

26

湯飲みと茶碗の違いを考えよう！

何気なく使っている湯飲みと茶碗ですが，よく考えると言葉と用途に大きなズレがあります。そこに気づかせると時代背景が見えてきます。

ネタを活かした授業展開

1. 「湯飲み」と「茶碗」を見せて，名称と用途を聞く

T これは何と呼びますか（と言って，茶碗を出す）。

C 茶碗！お茶碗？

T 何を入れるものですか？

C ご飯（黒板に「茶碗：ご飯を入れる」と板書）。

T そうだね。では，これは？（今度は湯呑を出す）

C コップ！

T コップというと，ガラスかプラスチックだね。

（と言うと，「湯呑」と言う子どもが出てくる）

T これは何を入れるのですか？

（ジュース，牛乳，お茶，コーヒー，と多種多様な答えが出てくる）

T これは「湯呑」と言って，本来はお茶を入れるものです。

（「湯飲み：お茶を飲む」と漢字で板書しておく）

2. 言葉のズレを考える

T では，どうしてご飯を入れるのに茶碗と言って，お茶を飲むのに湯飲みと言うのでしょう？

C 茶碗でお茶を飲んで，湯飲みでお湯を飲んだから。

T　じゃあ，ご飯はどこに入れたの？

C　う〜ん……

T　正確には，これはご飯茶碗，湯飲み茶碗，そしてこれを抹茶茶碗と言います（抹茶茶碗を出す）。

C　全部「茶碗」が付くんだね。

T　昔は，こういう入れ物を茶碗と呼んでいたみたいです。茶道として抹茶茶碗が日本に中国から入ってきました。その後に，「これは便利だ」と，陶器が日本で色々な形に発達しました。昔は，茶碗と焼き物と瀬戸物は，ほとんど同じ意味でした。

　　茶道で使うお茶は抹茶です。茶道以外では緑茶を飲んでいました。さて，どうして，緑茶（お茶）を飲むのに，湯呑と言うのでしょうか？

C　元々はお湯を飲んでいたから。お湯しか飲めないから？

T　そうです。緑茶は大変高いので，一般の人は，なかなか飲めません。普段はお湯を飲んでいました。病気になったときとか，おめでたい日とか特別な日しか緑茶は飲めませんでした。だから，慶安の御触れ書きに「茶飲み女房とは別れろ」と書いてあるのです。茶飲み女房は贅沢者という意味です。

C　それでか〜！

T　どうしたの？

C　先生，かさこ地蔵に『なっぱかみかみ，さゆのんで』という文があるけど，貧乏だからお茶が飲めなくて，お湯を飲んでいたということなんだ。

T　なるほど！　（子どもに教えられました）

補足

【参考文献・資料】

『お茶を飲むのに【湯のみ】とは，これいかに？』：一般社団法人日本和食卓文化協会 HP より　http://www.nihonwasyokutakubunka.com/column/2972,（参照2021-07-14）

27

「握り寿司」と「江戸前寿司」は どちらも同じもの？

6年　江戸時代

 ネタを活かした授業展開

1. 江戸時代の食生活について子どもたちと話し合う

T　教科書に「江戸では，お寿司，うどん，そば，天ぷらなどの屋台で売る食べ物が多くて，とても流行った」と書いてあります。みなさん，お寿司は好きですか？

C　大好き！

C　僕は特にサーモン。

C　私は，タマゴ。

T　では，「○○ずし」のように，「すし」の付く言葉でお寿司の種類を言えますか？

C　にぎり寿司とちらし寿司！

C　いなり寿司や巻き寿司もそうだね。

C　回転寿司！

T　それは違う！（笑）　ところで，お寿司と言えば「握り寿司」が代表ですが，この「握り寿司」のもう1つの言い方を知っていますか？

C　えっ!?　何だろう

T　実は「江戸前寿司」と言います。

C　聞いたことあるなあ。

2. 握り寿司と江戸前寿司の歴史について考える

T　江戸時代，今の東京湾では，魚が豊富に捕れました。ただ，冷蔵庫などはない時代なので，早く料理しないと腐ってしまいます。ご飯にお酢を

混ぜて腐りにくくしてつくるお寿司はもともとありましたが，手間のか
かるものでした。

より手間をかけず，おいしいお寿司を食べるため，江戸の屋台では握っ
た酢飯に魚の切り身をのせる方法がとられました。だから，今私たちが
「お寿司」と言っているのは，江戸で発明された食べ方です。これは便
利だということで，日本中に広まりました。だから，握り寿司のことを
「江戸前寿司」というのです。

C　他の地域の人は，どんなお寿司を食べていたのですか？

T　関西では，お寿司と言えば押し寿司が多かったし，日本中には，地方ご
とでいろいろなお寿司があります。それと，江戸ではお寿司の他にも食
べ物の屋台が多かったのには，理由があります。それは，江戸には圧倒
的に男の人が多かったからです。

C　どうして男の人が多かったの？

T　江戸は，次々と開発が進んでいました。土木工事で働くのは？

C　男の人。

T　参勤交代で，地方からやってくる武士は？

C　男の人。

T　当時の江戸の人口は100万人以上と言われているけど，男女比は2対1
くらいだったそうです。男の人が女の人の倍いた計算になります。だか
ら握り寿司も，1つが今のおにぎりくらいの大きさだったらしいです。

C　デカッ！

補足

【参考文献・資料】（いずれも2021-07-14参照）

「江戸時代のお寿司が，現代のお寿司といろいろ違う」：『江戸ガイド』より

https://edo-g.com/blog/2015/11/sushi.html

「江戸の外食・醤油文化」：村岡祥次『日本食文化の醤油を知る』より

http://www.eonet.ne.jp/~shoyu/mametisiki/reference-3.html

28

江戸時代の飢饉について
理由を考えよう！

　江戸時代には，大飢饉が何度かありました。当時の農作物の生産体制は弱く，少しの天災に大きく左右されました。また当時は隣の藩（県）同士が助け合う体制もできていませんでした。飢饉というと日本中すべてが大きな被害にあい，たくさんの餓死者を出したように感じますが，実は地域によって大きな差があります。天明の大飢饉では，東北地方を中心に多くの餓死者を出しました。東北地方の諸藩は，財政を維持するために米を大阪や江戸に売っており，その結果，備蓄米がなくなって，飢饉が起きた時に対応ができなかったというのも理由の1つです。

 ネタを活かした授業展開

1．飢饉について，知っていることを発表する

T　江戸時代には，享保，天明に代表される大飢饉が何度かありました。飢饉は知っていますね。

C　食べ物がなくて，たくさんの人が亡くなること。

C　食べるものがなくて，犬や猫も食べたという話を聞いたことがある。

T　飢饉の原因は，知っていますか。

C　雨が降らないとか，逆に長雨が続く。

C　夏でも温度が上がらない冷夏で，作物がとれないから。

T　天候が悪いのは人間の力ではどうしようもありません。特に天明の大飢饉では，東北地方を中心に多くの死者が出ました。

2. 飢饉にもかかわらず，損害の少なかった地方の対策を考える

T ところが，松平定信の白河藩（現在の福島県白河市）は，他の藩に比べて飢饉の被害は大きくならなかったのです。同じ東北地方なのに，どうして白河藩だけは被害が小さかったんだと思いますか？

C その地方だけ，天気が良かった？

T そんなことはありません。

C その藩だけ，お米があった。

T どうして？

C 変だと思ったんじゃない？

C 今年は天気が悪いから，飢饉がくるんじゃないかと予想した。

T 当時の藩は少しでも早くお金がほしいので，米が収穫されるとすぐに大阪や江戸に売ってしまいます。しかし，松平定信のいた白河藩は売らなかったのです。全然被害がないというわけではありませんでしたが，白河藩は東北地方の中では，被害が小さかったのです。

C かしこいなあ。

T 白河藩だけではありません。上杉鷹山のいた米沢藩も同じく被害が少なく済んだそうです。

C 殿様がかしこいと助かるってことだね。

T 当時は，殿様や藩の政治を担う人々は世襲制ですから，現在のように一般の人々が殿様を選ぶことはできません。政治を担う人々がかしこい藩の人々は，生き残ることができて，そうでない人々が政治を担っている藩の人々は，厳しい生活だったのです。

そう考えると，選挙で政治を担う人々を選ぶことができる現在は，いかに幸せなのかがよくわかります。しかし，投票率は低いです。「選挙をする」その権利を軽く考えていないでしょうか。とても大切な権利なんですよ。

29

「学制発布」
先生はどうしたの？

6年　明治時代

　明治になって大きく改革されたことがたくさんあります。廃藩置県，地租改正，徴兵制度など。その中の1つに学制があります。全国一斉に学校をつくらなくてはなりません。校舎は建築すれば良いですが，教師はどうしたのでしょうか。教師は急に養成できません。

 ネタを活かした授業展開

1.　明治になって変わったことを子どもたちに尋ねる

T　明治政府になり，これまでと違ったことがたくさんあります。その中でみんなにも関係ある「学校」について学習します。江戸時代には，学校はありましたか？

C　学校じゃなくて，寺子屋はあった。

C　武士のための学校は，あったんじゃない？

T　そうだね。その当時は学校といえば，水戸藩がつくった弘道館や，吉田松陰がつくった松下村塾などがありましたが，どれも限られた人しか行けないものでした。そこで，国民，子どもたちのための学校をつくることになりました。これを，学制と言います。学制の内容とは何ですか？

C　全国に学校をつくること。

C　一定の年齢になったら，すべての子どもに教育を受けさせること。

C　先生，この時に学校をつくらなかったら，僕たちは学校に来て勉強しなくてよかったんだ。

T　でも，そうするとお金持ちの家の子どもは小学校どころか大学まで出て，そうでない家の子どもは字も読めないままで働かなくてはならないよ。

C　そうしたら，お給料が全然違うよ。

T　そうだよ。今でもそういう国はたくさんあります。みんなが学校に，しかも無料で来られるのは，すごいことなんだよ。この当時の明治政府の決定は，国際的に見てもたいへん進んでいたんだ。

2.　学制が発布された時の学校や先生について考える

T　全国に学校がつくられるようになりました。校舎は建てたらいいけど，先生はどうしたのでしょうか？

C　お寺の和尚さんがすればいい。

C　お葬式があったら？

C　その時は学校を休みにすればいい（笑）

T　和尚さんだけじゃ全然足りませんね。その他はどうするの？

C　仕事がなくなった武士がすればいい。

T　武士も城下町にはいたけど，その他の町や田舎にはいません。それに，日本全体で考えてもそんなにいないよ。

C　じゃあ，かしこい人がすればいい。

T　かしこい人って？

C　「誰か先生しませんか？」って勉強を教えられる人を探すんだよ。

T　そう。実は教師の資格もあったけど，資格をとってない代用の先生も多かったんだよ。その先生の中には，『ごんぎつね』を書いた新美南吉や詩人の石川啄木もいました。

C　やっぱりかしこい人だ！

補足

　明治になり，政府は全国に急遽，師範学校を設置しましたが，慢性的に正規教員は不足していました。それを補ったのが代用教員です。現在は，教育学部でなくても教員免許を取得できますが，そのようになったのは戦後のことです。それまでは，教員免許をもった教員が少なかったのです。

　面白い話があります。私が新規採用で三重県度会郡大内山村立大内山小学校（市町村合併で既に閉校）に赴任したのは昭和54年4月。前校長であるＡ校長は3月に定年退職しています。ですから，私は新しく赴任してきたＢ新校長と務めたので，Ａ校長とはお会いしたことはありません。

　ある日，職員室で次の話を聞きました。

先輩教員「前のＡ校長先生は，校長しかしたことないんだよ」

私　　　「？？？？　どういう意味ですか？」

先輩教員「師範学校を出て，新規採用で行った小学校でいきなり校長」

私　　　「？？？？　ますます意味がわかりませんが…」

　このような話です。Ａ先生は，昭和54年に60歳で定年退職されていますから，だいたい昭和13，14年頃に師範学校を卒業されています。赴任地は田舎の小さな小学校だったそうです。

　ところが，赴任してみると，その学校に勤務していた教員はすべて代用教員で，師範学校を卒業してきちんとした教員免許をもっていたのは，Ａ先生だけでした。

　そこで，「師範学校を卒業し，正式な教員免許をもっている君が校長になるべきだ」と言われて校長に。次の学校に転勤する時も，「一度校長になった者を降格させられない」ということで，また校長。その後も校長で転勤して，退職するまで校長だったそうです。

　戦前までは，代用教員がいかに多かったかがわかる話です。

30

日露戦争と正露丸

6年　明治時代（コラム）

　お腹が痛い時に飲む薬の1つに「正露丸」があります。この「正露丸」はかつて，「征露丸」と書きました。

　時は明治，帝国陸軍の兵士たちが日清戦争において伝染病に悩まされた際，クレオソート剤が感染症の対策に有効であると，当時の軍医が発見しました。

　その後，研究により「クレオソート丸」という薬が生み出されます。この「クレオソート丸」が日露戦争の間，胃腸薬として使用され，「ロシア（露西亜）に勝って征服する」という意味で，「征露丸」と名付け使用されていました。

　しかし，第2次大戦後，国際関係上，「征」の字の使用を控え，現在の「正露丸」という名称になりました。

【参考文献・資料】

「正露丸あれこれ話　製品ヒストリー」：大幸薬品　正露丸ブランドサイト
https://www.seirogan.co.jp/products/seirogan/various/history.html
(参照2021-07-14)

31

静岡県が
お茶の名産地になったワケ

6年　明治時代

　明治になって，江戸幕府の決まりが次々となくなりました。その中の
1つに，「大きな川に橋を架けてはいけない」があります。

　近代国家を歩み始めた日本にとって，大きな川に橋を架けないわけに
はいきません。しかし，川渡し人足，船頭，宿屋の主人などの働く人は
一斉に失職するわけですから，川に橋を架けるのに相当な反対運動が起
こったことが想像されます。特に天竜川，大井川と大きな川をもつ静岡
県には，頭の痛い問題であったことは間違いないでしょう。また，静岡
県は徳川家康公ゆかりの地です。当時は職を失った武士もたくさんいま
した。この人たちをどうやって扱うかは静岡県にとっては放っておけな
い事態でした（この授業の前には，「大きな川はどうやって渡ったか」
を学習してあるものとします）。

 ネタを活かした授業展開

1. 大きな川に橋が架かると，困る人は誰か考える

T　明治になって，それまでに徳川幕府が決めていたことが次々と廃止にな
　　りました。「大きな川に橋を架けてはいけない」の決まりがなくなった
　　から，橋がかけられて便利になったのですが，それで，喜ぶ人や困る人
　　は誰でしょうか？

C　喜ぶ人は旅人。お金を払わなくても川を渡れる。

C　大雨でも待たされることはない。

C　困る人は，川渡し人足，船頭，宿屋の主人，そこで働いていた人たち。

T　もし，みんなが困る人の中の1人だったら，どうしますか？

C　違う仕事に就く。

C　つくりかけた橋を壊して，橋が完成するのを邪魔する（笑）

2. 静岡県のアイデアについて知る

T　そこで静岡県は，たくさんの失職してしまった人を雇い，富士山の裾野を開墾しました。邪魔する木はないから太陽はよく当たります。しかし，火山灰の土壌ですから水持ちはよくありません。もちろん，水田には向きませんし，野菜等の水がたくさんいる品種にも適しません。では，米でもない，野菜でもない，でも当時高級な作物はなんだったでしょう？

C　お茶？

T　その通りです。そこで目を付けたのが「お茶」です。お茶は今でこそ誰でも飲めますが，当時は大変高いものでした。職を失った武士や余ってきた川渡し人足を開墾にあてたという訳なのです。

C　なるほど，かしこいなあ。

T　もう１つ静岡県にとって追い風となることがありました。時は明治の近代化の時代です。大規模な土地の開墾と製造の機械化で，あっという間に静岡といえばお茶の産地という代名詞がつくほどに，上り詰めました。静岡県がお茶で有名になったのは，新しいのです。

補足

　当時の静岡県にとって，お茶の製法は未知の分野です。旧「島田市お茶の郷博物館」の表示には，「宇治や伊勢から茶の製造方法を学んだ」と書いてありました。※2019年のお茶の産出額，鹿児島が静岡を抜く

【参考文献・資料】

ふじのくに茶の都ミュージアム

「静岡県　牧之原農業水利事業―水土の礎」：農業農村整備情報総合センター

https://suido-ishizue.jp/kokuei/kanto/shizuoka/makinohara/2202.html, （参照2021-07-14）

県庁所在地と廃藩置県の関係

1. 県庁所在地でわかる倒幕側（官軍）と幕府側（徳川）？

　明治時代の大きな改革の1つに「廃藩置県」があります。私は，子どもたちから「県の名前と県庁所在地の名前が同じ県と違う県がある。全部県名と同じなら覚えやすいのに」と言われたことがありました。それで，その理由を調べていくと，「廃藩置県」に行き着いた覚えがあります。例外はあるけれども，それは『「県名と県庁所在地名が同じ県」は明治維新の時に倒幕側（官軍）で，「県名と県庁所在地名が違う県」は，幕府側（徳川）である』という説です。

　確かに，官軍の主体である薩摩（鹿児島県），長州（山口県），土佐（高知県），肥前（佐賀県）は，すべて県名と県庁所在地名が同じです。この他の県も確認してみると，多くが当てはまります。このことを作品の中で触れていた著名な作家もいたので，その説を信じて明治維新の学習時には，「自分たちが住んでいる県が，倒幕側だったか幕府側だったかは，今でもすぐにわかるよ」と子どもたちに紹介していました。子どもの中からは「明治政府のいじめだな」という意見がありました。しかし，最近ではこの説は弱くなってきています。その理由は，

(1)明治維新の時には，藩は約300あった。

(2)約300あった藩が，今の県に落ち着くまでに合併・分割を繰り返している。

(3)決定までに県名が二転三転している。

(4)県庁所在地についても，現在の地に落ち着くまでに転移していた県がある。

などです。どうも「県名と県庁所在地名が同じ県は，倒幕側（官軍）で，そうでない県は幕府側（徳川）である」とは単純に言い切れないようです。

２． 廃藩置県の際に，大名は反対しなかったのか？

　もう１つの疑問は，領地を取り上げられる大名は抵抗しなかったのか，ということです。それについては，教科書にもヒントが書いてあります。「経済力では大名をしのぐ大商人もあらわれ，大名にお金を貸す者もいた」そうで，ほとんどの大名は江戸時代の中期頃から，経済的に困窮していました。

　そこで，明治政府が各大名に出した案は，

(1)財政の健全化をはかり，藩の借金は明治政府が肩代わりする。

(2)旧藩主階級を身分的かつ経済的に厚遇し，東京に移住させて藩士たちと切り離す。

(3)旧藩主である知藩事の家禄は旧藩全体収入の10分の１とされ，かつ華族とする。

　切り離された武士はかわいそうでしたが，戊辰戦争で，新政府にはかなわないと思っていた各大名のほとんどは，喜んで受け入れたと思われます。

【参考文献・資料】

大石慎三郎『江戸時代』（中央公論新社）

　八幡和郎「47都道府県所在地が決まった正確な歴史 【都市伝説】に惑わされない知識の重要性」「都道府県名と県庁所在地の名前はなぜ違う〜愛知・宮城だけでなく千葉・秋田・鹿児島なども元は郡名だった」：『選挙ドットコム』より，(参照2021-07-14)

　　https://go2senkyo.com/articles/2020/12/02/55703.html

　　https://go2senkyo.com/articles/2020/12/15/55854.html

　「【負け組？】『県庁所在地』の名前が『県名』と一緒じゃない県」：『ニホンシログ』より，(参照2021-07-14)

　　https://nihonshi.hatenablog.com/entry/haihan-chiken# 戊辰戦争で幕府側についた事への報復措置

　明治になって近代化は日本の国の使命でした。八幡製鉄所に代表される重工業。そして，軽工業の代表が，この富岡の製糸場です。

　世界遺産にも登録された富岡の製糸場。訪問者が何倍にも増えているそうです。これは，明治になって工業化を進める日本の学習の1つとして教科書に載っています。また，これとともに掲載されているのが，製糸工女の生活です。朝5時には起きて，ほとんど休みなく働く姿。日本の近代化の影で，犠牲になった姿と捉えられます。私は若い頃に，この富岡の製糸場と女工哀史を混同して「富岡の製糸工場では，君たちのような年端のいかない子が朝早くから働かされて…」と授業で取り扱っていましたが，これは間違っていたことがわかりました。

　明治になり，日本政府は水等の立地条件を考え，群馬県の富岡に大規模な製糸工場をつくることを決めました。そして，フランスから技術者を雇い，工場を建設したのです。しかし，肝心の働く人，工女がなかなか集まりません。

 ネタを活かした授業展開

1. 寸劇をして，当時の状況を知る

工場長　「さあ，最新式の工場ができる。働く若い娘を集めよう。条件はこうだ。『寮，食事完備。保健室もある。日曜日は休み。給料も公務員なみ』これならたくさん働く人が集まるだろう」

役　人　「工場長，どれだけ待っても1人も来ません」

工場長　「どうしてだ？　こんなに条件がいいのに」

役　人　「どうも悪いうわさが流れているようです」

2. 悪いうわさの正体を知る

T　村には次のうわさが流れたと言われています。「フランス人の技術者は
　　生き血を飲む。娘を働きに出したら，血を吸われるぞ」それで，誰も来
　　なかったのです。このようなうわさが流れては，娘を工場に出す親など
　　いません。どうしてこのようなうわさが流れたのでしょう？

C　……

C　フランス人を見て，鼻が高いし鬼と思った？

T　ヒントをあげます。フランスと言えば，食事の時に飲むのは…

C　ワイン？

C　あっ！　わかった。赤ワインを見て血と思った！

T　そう，ワインです。食事の時にワインを飲むフランス人の姿を見て，そ
　　のようなうわさが流れたのです。工場ができても肝心の働き手がいなく
　　ては成り立ちません。仕方なく，政府の役人として建設当初から関わり，
　　初代工場長となった尾高惇忠が，自分の娘ゆうを工女第1号として働か
　　せたということです。

C　その娘さんは怖かっただろうね（笑）

補足

　当時の富岡製糸場は国が建てたのですから，働いていた工女は公務員です。
1日8時間程度の労働と日曜日は休み。年末年始には休暇もあり，食費・寮
費・医療費などは製糸場もちで，制服も貸与されました。いわゆる女工哀史
とは，程遠い話です。教科書や資料集に載っている女工の労働条件は，製糸
業が儲かるとわかり乱立した私企業の話です。ただ，富岡製糸場もその後民
間に払い下げられていますから，その後の労働条件は開設当初と同じとはい
かなかったでしょう。

初めは，女工哀史ではなかった富岡製糸場　Part 2

6年　明治時代

　製糸工場で働く工女たちの過酷な労働を世に知らしめたのは，昭和54年に公開された映画『あゝ野麦峠』（主演　大竹しのぶ）でしたが，どうして映画の公開までこのような悲惨な話があると，世間には伝わってこなかったのでしょうか。

 ネタを活かした授業展開

1．製糸工場の工女の働きを学習する

T　今日は，製糸工場の働きを学習します。資料を見ると，働く時間は？

C　1日に13〜14時間も働いている。

T　他にグラフから気がつくことはありませんか？

C　自由時間がなくて，1日中働きっぱなし。

C　よく，こんなところで働いていたね。

T　確かに，そうだね。ここで働いていたのは，13才から上の女の子。君たちくらいの年齢だよ。今から考えるとひどい労働条件で，中には逃げ出した人もいるし，結核という伝染病で亡くなった人もいた。

C　そうだろうね。ひどいなあ。

2．ほとんどの人は希望して行ったことを伝え，理由を考える

T　でも，ほとんどの人は希望して行ったんだよ。なぜだと思う？

C　えっ！　希望したの？

C　給料がもらえるから？

T　そう，給料がもらえる。何年も働き続けて，1年に100円もらえるよう

になった人もいたそうです。

C　たった100円！

T　この時代だと，100円で家が建ったらしいよ。

C　えっ！　家が建つの！　すごいお金だ！

T　しかし，働きの悪い人は給料を減らされた。他にいいことはないかな。

C　ご飯が食べられる。

T　正解！　この時代の雪国の冬は，本当に食べるものがなかった。だから，1日3食きちんとご飯が食べられて，その上に現金がもらえるのは，この時代の人たちには魅力だった。それにこの時代の農家はお湯なんて蛇口から出ないし，冷たい中で働くのは当たり前だった。でも，中には親が借金したから，その代わりに連れて行かれた人もいたらしいですよ。

C　親のせいで最悪！

T　借金しないと生きていけないほど，生活が苦しかったんだよ。

補足

　女工哀史は粗悪な食事，長時間労働，低賃金，病気になったら即解雇が定説になっていますが，見方を変えることも重要です。

　「飛騨関係の工女の中には食事が悪かったと答えたものはついに一人もいなかった。低賃金についても同じだ。長時間労働についても，苦しかったと答えたものはたった3％だけで，後の大部分は『それでも家の仕事より楽だった』と答えている。それもそのはず，家にいたらもっと長時間，重労働をしなければ食っていけなかった」

(山本茂実『あゝ野麦峠』より引用)

　この当時の農村の暮らしは，製糸工場よりはるかに苦しかったのです。

【参考文献・資料】

　世界遺産・国宝「富岡製糸場」　群馬県富岡市富岡1−1

　山本茂実『あゝ野麦峠　ある製糸工女哀史』（KADOKAWA／角川学芸出版）

35
西洋建築とともに
入った踊り場

明治時代（コラム）

　大きなビルや建物の階段には，途中に「踊り場」があります。

　若い人の中には，「踊り場」の言葉を知らない人がいるようです。

　この踊り場，昔の日本建築にはありません。勿論，昔の日本建築にも階段はあります。しかし，それは，真っ直ぐであったり，曲っても90度位であったりして，階段の途中に平らのところがあり，180度曲っている階段はありませんでした。では，「踊り場」は，いつ頃からできてきたのでしょうか。

　残念ながら，どれだけ調べても語源は不明でした。以下，私の考えです。

　踊り場は明治になって入ってきた西洋建築に多く見られます。この時に日本に入ってきたと思われます。当時の日本の大工さんたちは，踊り場をつくることはつくれますが，今までの日本建築にはない物ですから，名前がわからなかったのでしょう。

　その当時の西洋建築では，鹿鳴館に代表されるように，舞踊が盛んです。想像してみてください。当時の西洋ドレスを着た貴婦人たちが，大きくふくらんだスカートの裾を持ち，階段を上っていく姿を。そして，途中の平らなところに差しかかったら，くるっとターンをするが如く正反対に回ります。

　多分，その姿を見て，当時の大工さんたちは「踊り場」と名付けたのではないでしょうか。

　また，昇降口や体育館にある両開きのドアを止める落とし錠があります。これは建築用語では「フランス落とし」と言います。素敵な響きです。

36

変わりゆく言葉

国際交流（コラム）

　日本語に限らず言語は，他の国の影響で変化していきます。私が面白いと感じた例を挙げてみたいと思います。

1．神経

　教科書にも載っているオランダの学術書『ターヘルアナトミア』を，杉田玄白や前野良沢が翻訳しているとき，「体中に精神（神気）の経脈」があるということからつくられた言葉。『解体新書』に出てくる言葉です。それまでの日本語には，「神経」という言葉はありませんでした。昔の人は苦労して素晴らしい日本語をつくってきました。

2．彼・彼女

　明治以前の日本語には「彼女」という言葉はありませんでした。江戸時代末まで日本人は，男女の区別はなく3人称として「彼」を使っていました。他の人を表すのには「彼」しかなかったのです。しかし，英語が入ってきて「he」は「彼」と翻訳できます。しかし，「she」を表す言葉はありません。それで，それまであった「彼」に「女」を付けて「彼女」ができました。

3．さぼる（サボる）

　元々は大正時代に労働争議を表すフランス語のサボタージュから，「サボる」がきていますが，昭和の大学生が講義を怠けることを「サボる」と使い始めて，現在では「怠惰」の意味になっています。本来は外来語ですから「サボる」が正しい表記なのではありませんか。そのうちに「バズる」「エモい」も「ばずる」「えもい」に変わっていくのでしょうか。

おわりに

　「社会科」とか「授業」について考えるようになったのは，序章でも述べた通り，三重県の伊勢市立東大淀小学校に赴任してからです。「総合学習」，「指導してくださった先生方」が，私の教師としての大半をつくってくださったと思っています。

　特に橋本輝久先生は手取り足取り教えてくださり，感謝の念に堪えません。今から思うと，この学校の研修は大変でしたが「若い時の苦労は買ってでもしろ」この言葉が身に染みます。

　この東大淀小学校では，忘れられないエピソードがたくさんあります。私が初めて研究授業を行った際，授業後の検討会で経験豊かな女性教師から次の質問を受けました。

　「先生は，この授業で，子どもたちに何を伝えたかったのですか」

　まだ若かった私は，正直言って意味がわからず「何を言っているのだろう。教科書に載っているからこの授業をしたのに」と思いましたが，何も言えずに黙っていた覚えがあります。

　この質問の意味がわかったのは数年後でした。私はそれ以降，「この授業では，子どもたちに何を伝えたいのだろう」と意識するようになりました。

　おもしろい話は沢山あるのですが，残念ながらすべてが授業のネタになるわけではありません。授業のネタにならず，断念したものもまた沢山あります。

ネタは楽しい授業の入り口と書きました。もっとネタを極めて，予備校の講師のような楽しい授業をする教師と，ネタは封印し自分からは何も出さなくても，子どもたちが次々と調べて楽しい授業を進めていくことができる教師がいます。

　残念ながら私は中途半端で，両方ともに到達できませんでした。若い先生方には，是非，自らの授業力を極めてほしいと思います。

　最後になりましたが，本書の執筆の機会を頂き，また，編集に力を貸してくださった明治図書の新井皓士様に感謝申し上げます。

2021年6月

楠木　宏

【著者紹介】

楠木　宏（くすき　ひろし）

三重大学教育学部・皇學館大学教育学部非常勤講師

元伊勢市立小俣小学校教頭。1956年，三重県伊勢市生まれ

三重大学教育学部卒業，三重大学教育学専攻科終了

教育研究三重県集会　理科部会助言者

内田洋行　教職員発明考案品　平成25年度，26年度奨励賞受賞

以下，著書一覧　（すべて東洋館出版社）

『指示は1回　聞く力を育てるシンプルな方法』2016

『「追い込む」指導　主体的な子どもを育てる方法』2017

『簡単！時短！理科授業の効率アップ術』2018

『学級づくりこれだけ！』2019

社会科授業サポートBOOKS

子どもの好奇心をグッと掴んで離さない
小学校社会　おもしろ授業ネタ70

2021年9月初版第1刷刊 ©著　者	楠	木	宏
発行者	藤	原	光　政

発行所　明治図書出版株式会社

http://www.meijitosho.co.jp

（企画）新井皓士（校正）新井皓士・森島暢哉

〒114-0023　東京都北区滝野川7-46-1
振替00160-5-151318　電話03(5907)6701
ご注文窓口　電話03(5907)6668

＊検印省略　　　　組版所　中　央　美　版

本書の無断コピーは，著作権・出版権にふれます。ご注意ください。

Printed in Japan　　　ISBN978-4-18-360743-0
もれなくクーポンがもらえる！読者アンケートはこちらから